RALF SOTSCHECK
Nichts gegen Iren

Buch

Wie hat es dieses rothaarige, sommersprossige und dauerbetrunkene Volk am Rande Europas bloß zwischenzeitlich geschafft, zu einer der reichsten Nationen der Welt zu werden? Anfang der neunziger Jahre begann Irlands Wirtschaftsboom, 2008 war es damit wieder vorbei. Der Schrei des »keltischen Tigers«, wie das irische Wirtschaftswunder genannt wird, hat 200 000 Polen auf die Grüne Insel gelockt. Dort machen sie nun 5 Prozent der Bevölkerung aus und wundern sich, auf was sie da sich eingelassen haben. Der Dichter G. K. Chesterton schrieb einmal: »Die großen Gälen von Irland sind die Menschen, die Gott verrückt gemacht hat, denn alle ihre Kriege sind fröhlich, und alle ihre Lieder sind traurig.« Und Sigmund Freud behauptete, dass die Iren das einzige Volk seien, dem durch Psychoanalyse nicht zu helfen sei. Sie seien voller Widersprüche und immun gegen rationale Denkprozesse. Bleibt zu hoffen, dass die Iren sich in Krisenzeiten wieder auf das Wesentliche konzentrieren: das Trinken schwarzen Bieres, das Singen melancholischer Lieder und das Verfassen von Werken der Weltliteratur.

Die Illustrationen zu diesem Band stammen
aus der Feder von © TOM.

Autor

Ralf Sotscheck, geboren 1954, lebt seit 1985 in Dublin und ist irischer Staatsbürger. Er ist *taz*-Korrespondent für Großbritannien und Irland. Seine Spezialgebiete: BSE und das schwarze Gold der Iren – das Guinness.

Ralf Sotscheck
Nichts gegen Iren

Psychogramm eines
komischen Volkes

GOLDMANN

Die Originalausgabe erschien 2009
bei Edition Tiamat, Verlag Klaus Bittermann, Berlin.

Verlagsgruppe Random House FSC-DEU-0100
Das FSC®-zertifizierte Papier *Holmen Book Cream* für dieses Buch
liefert Holmen Paper, Hallstavik, Schweden.

1. Auflage
Taschenbuchausgabe April 2011
Wilhelm Goldmann Verlag, München,
in der Verlagsgruppe Random House GmbH
Copyright © 2009 by Edition Tiamat,
Verlag Klaus Bittermann, Berlin
Umschlaggestaltung: UNO Werbeagentur, München
Umschlagmotiv: FinePic
mb · Herstellung: Str.
Druck und Bindung: GGP Media GmbH, Pößneck
Made in Germany
ISBN 978-3-442-47306-9

www.goldmann-verlag.de

INHALT

Ein komisches Volk
Der Ire an sich. Eine Vorbemerkung 7

Wer hustet, hat schon verloren
Der Ire und seine Alltagsfreuden 17

Kohlrabi und Fischkuchen
Der Ire und seine
kulinarischen Errungenschaften 41

Auch Iren irren irgendwann
Der Ire und seine sportlichen Erfolge 59

Der Präsident der Stubenfliegen
Der Ire und seine Politiker 77

Eine Bahn für einen blinden Passagier
Der Ire und sein Transportwesen 99

Cara, Cortison und Cüchenschränke
Der Ire und sein Gesundheitssystem **117**

Der Präsident, die Pfarrer und ein Wolpertinger
Der Ire und seine Landeier **131**

Obstman und die Schnäppchenjäger
Der Ire und seine Provinz im Norden **147**

Ein komisches Volk

Der Ire an sich
Eine Vorbemerkung

Irland ist eine Insel und liegt westlich von Großbritannien. Soweit sind sich alle einig. Doch die Insel besteht aus dem Staat Irland und aus Nordirland, das zum Vereinigten Königreich von Großbritannien und Nordirland gehört. Wenn die Nordiren von ihrer Heimat sprechen, weiß man sofort, welcher Religion sie angehören: Unionistische Protestanten, die für den Verbleib bei Großbritannien sind, sprechen von Ulster. Das ist eine der vier irischen Provinzen, aber sie umfasst neben den sechs nordirischen Grafschaften auch drei Grafschaften, die zur Republik Irland gehören. Katholische Nordiren, die für die Wiedervereinigung beider Teile Irlands sind, nennen Nordirland deshalb »die sechs Grafschaften« oder einfach nur »The North«.

»Eire« ist der irische Name für die Republik Irland, er steht auch auf den Briefmarken. »Die pro-britische Mehrheit Nordirlands verwendet aus naheliegenden

Gründen den Terminus ›Irland‹ für die Republik Irland nicht gerne«, schreibt Frank McNally in seinem *Xenophobe´s Guide To The Irish*. »Obwohl sie keine besonderen Sympathien für die irische Sprache hegen, benutzen sie oft den Namen ›Eire‹ im Englischen. Das wird von den Menschen in der Republik Irland als Beleidigung aufgefasst, und als solche ist es von den Unionisten auch gemeint, obwohl beide Seiten große Schwierigkeiten hätten, die Gründe dafür zu erklären.« Manchmal sagen die Nordiren auch einfach »The South«, wenn sie die Republik Irland meinen, obwohl der nördlichste Punkt des Südens – nämlich die Grafschaft Donegal – nördlicher liegt als der nördlichste Punkt des Nordens.

Möglicherweise hat Sigmund Freud also recht mit seiner Behauptung, dass die Iren das einzige Volk seien, dem durch Psychoanalyse nicht zu helfen sei. Sie seien voller Widersprüche und immun gegen rationale Denkprozesse. Und der englische Dichter G. K. Chesterton schrieb einmal: »Die großen Gälen von Irland sind die Menschen, die Gott verrückt gemacht hat, denn alle ihre Kriege sind fröhlich, und alle ihre Lieder sind traurig.«

Ob jemand Ire oder Brite ist, hängt manchmal von anderen Dingen als dem Geburtsort ab. Als die Schauspielerin Brenda Fricker mit einem Oscar ausgezeichnet wurde, war über Nacht vergessen und vergeben, dass sie Irin ist. Sie wurde von den britischen Medien als Britin vereinnahmt. »Wenn du sturzbesoffen auf einem Flughafen herumlümmelst, bist du Ire«, stellte sie fest. »Gewinnst du aber einen Oscar, bist du Brite.« Und Seamus Heaney fand sich, nachdem er den Literatur-Nobelpreis gewonnen hatte, plötzlich in einer Anthologie britischer Dichtung wieder. Er schrieb prompt ein Protestgedicht.

Noch unverfrorener funktioniert das im Sport. Der englische Sportkommentator Harry Carpenter machte sich über den irischen Golfspieler Christy O'Connor lustig, der nach der ersten Runde bei den britischen Open auf dem vorletzten Platz lag. Nach einer sensationellen letzten Runde war der flugs naturalisierte »britische Golfer O'Connor« plötzlich vorne. Und als die englische Fußball-Nationalmannschaft bei den Europameisterschaften 1988 in Deutschland gegen das irische Team ausschied, wurden die Iren umgehend zur »englischen B-Mannschaft« erklärt.

Andererseits neigt auch der Ire dazu, berühmte Ausländer für sich zu vereinnahmen – zum Beispiel Regierungschefs. Charles de Gaulle war eigentlich Ire, denn er hatte eine irische Urgroßmutter, und die Hälfte aller US-Präsidenten hat ebenfalls irische Wurzeln, von Washington und Jackson über Roosevelt und Kennedy bis hin zu Nixon, Reagan, Clinton und den Bushs. Natürlich ist auch Barack Obama im Grunde Ire. Der Pfarrer von Moneygall, einem Kaff in der Grafschaft Offaly, hat herausgefunden, dass ein Fulmuth Kearney in Moneygall geboren ist. Sein Vater war Schuhmacher. Mitte des 19. Jahrhunderts herrschte in Irland eine furchtbare Hungersnot. So wanderte Fulmuth am 20. März 1850 an Bord der S.S. Marmion nach Amerika aus, er war damals 19. Er ließ sich in Ohio nieder und hatte mit seiner Frau acht Kinder. Eine der Töchter, Mary Ann, heiratete einen Jacob Dunham 1890 in Kansas. Deren Sohn Ralph Dunham hatte einen Sohn, Stanley Dunham, der wiederum eine Tochter hatte: Ann Dunham. Die heiratete einen Kenianer, der in Hawaii studierte und Barack Obama Senior hieß. Deren Sohn, der US-Präsident, ist also der Ur-Ur-Urenkel von Fulmuth Kearney aus Moneygall. Nun nennen sie ihn O'Bama in Irland.

Nur der Herzog von Wellington, der in Dublin geboren ist und später Napoleon besiegte, wehrte sich gegen die Zwangsirisierung. Als er in einer Zeitung als Ire bezeichnet wurde, empörte er sich: »Wer in einem Stall geboren ist, muss noch lange kein Pferd sein.« Aber 45 Millionen US-Amerikaner berufen sich freiwillig auf irische Wurzeln. »Das weist entweder auf einen phänomenalen Erfolg bei der Vermehrung hin«, schreibt Frank McNally, »oder es liegt wahrscheinlicher daran, dass sie aus ihren weit verstreuten Vorfahren sich die armen, unterdrückten Iren aussuchen, weil die ein günstiges soziales Prestige haben.«

Das ist auch einer der Gründe für die Beliebtheit der Iren bei den Deutschen. Sie hatten in Deutschland den Ruf, bemitleidenswert arm zu sein, ihre wenige Habe zu vertrinken und dabei melancholische Lieder zu singen. Heinrich Böll hat das in seinem »Irischen Tagebuch« festgehalten. Aber das Irland, das er beschrieb, gab es schon damals nicht so ganz, einiges hat er erfunden. Zum Beispiel die junge Arztfrau, die bangend am Fenster wartet, weil ihr Mann bei Sturm und Regen unterwegs zu einer Entbindung war. Als er zurückkam, hatte er einen Kupferkessel bei sich – sein Honorar. Die junge Arztfrau ist inzwischen über 70. »Den Kupferkessel hat sich der gute Heinrich ausgedacht«, sagt sie. »So rückständig waren wir damals nicht, es gab schon Geld in Irland.«

Aber rückständig waren sie trotzdem, und das machte für viele Deutsche den Reiz aus. »Das war es vielleicht, was wir an Irland so liebten«, schreibt der Journalist Christian Kranz. »Dass es eine Reise in die Vergangenheit war, dass Irland damals zwanzig Jahre hinter Deutschland zurück war, dass es so war wie bei uns, als noch nicht jeder ein Auto hatte und einen Fernseher.« Menschliches war wichtiger als Materielles. Und die Iren hatten Zeit.

Die Sympathien haben sich die Iren gründlich verscherzt. Anfang der neunziger Jahre zettelten sie hinterrücks einen Wirtschaftsboom an, Irland verzeichnete Wachstumsraten von bis zu zehn Prozent. Irland sei eine Art Schlaraffenland, schrieb die polnische Presse immer wieder, und das haben mehr als 200.000 Polen geglaubt. Der Schrei des keltischen Tigers, wie das irische Wirtschaftswunder genannt wird, hat sie auf die Grüne Insel gelockt. Dort machen sie nun fünf Prozent der Bevölkerung aus.

Irland hat sich durch den Aufschwung verändert – sehr zum Verdruss der alteingesessenen Irlandfans, die ihre Grüne Insel gerne in einer Zeitschleife bewahrt hätten. In den einschlägigen deutschen Irland-Foren war man überwiegend der Meinung, dass die Liebe zu Irland nun erkalten werde. Die Hauspreise und Mieten sind in schwindelerregende Höhen gestiegen, die Restaurants sind teuer, selbst das Guinness ist in vielen Ländern billiger zu haben als in der Stadt, wo es gebraut wird. Dublin ist längst die teuerste Hauptstadt in der Eurozone. Hinzu kommen Reglementierungen, die man bisher eher mit Deutschland in Verbindung gebracht hätte: Die Iren führten das strengste Rauchverbot Europas ein, Autos müssen sich neuerdings einem TÜV unterziehen, Geschwindigkeitskontrollen sind an der Tagesordnung.

Aber das irische Wirtschaftswunder hat das Land, und vor allem die Hauptstadt, aus ihrer Provinzialität gerissen. Boutiquen, Restaurants, italienische Feinkostläden und Kunstgalerien, Diskotheken und Rock-Cafés haben sich in der Innenstadt breitgemacht. Dublin ist eine junge Stadt, 40 Prozent der Bevölkerung sind unter 25, das Durchschnittsalter liegt bei 31. Das spiegelt sich im Nachtleben wider. Es ist eine internationale Stadt, es ist immer etwas los. Deshalb kommen inzwischen junge Deutsche, deren Irlandbild nicht durch Bölls »Irisches Tagebuch« geprägt ist. Sie studieren ein paar Semester, sie arbeiten als Aupair, oder sie jobben für ein paar Monate in einem der zahlreichen Callcenter, bevor sie wieder nach Hause fahren.

Die meisten fühlen sich wohl in Irland und sind von der Großzügigkeit der Einheimischen begeistert. Das beruht allerdings manchmal auf einem Missverständnis, weil sie – im Gegensatz zu den alteingesessenen Irlandfahrern – die Spielregeln im Pub nicht kennen: Wenn das erste Glas am Tisch leer ist, bestellt derjenige unaufgefordert die nächste Runde, der damit an der Reihe ist. Oder man steigt gar nicht erst in eine Runde ein.

Deutsche gelten in Irland als äußerst langsam, wenn es ums Zücken der Brieftasche geht. Manche stellen zur Sperrstunde erfreut fest, dass sie der Abend keinen Pfennig gekostet habe, weil sie ständig eingeladen worden seien. Andere halten sich stundenlang an einem Glas Bier fest – oder bestellen überhaupt nichts. Wenn man sie fragt, warum sie ins Wirtshaus gehen, antworten sie, dass sie die Atmosphäre mögen und sich gerne mit Leuten unterhalten.

Eine andere deutsche Unsitte wird von den Kellnern und Kellnerinnen in irischen Restaurants beklagt. Geht es ans Bezahlen, verlangen die meisten Deutschen eine getrennte Rechnung, auch wenn der Kassenbon jede Suppe und jedes Wässerchen einzeln aufführt. Manch deutsche Gruppe hat schon ganze Speisesäle lahmgelegt, weil Tante Martha aus Bottrop am Ende steif und fest behauptet, den dritten Irish Coffee nicht getrunken zu haben. Das wird dann in der Gruppe diskutiert, und dabei fällt Hans-Georg aus Recklinghausen die Bloody Mary auf seinem Zettel auf, wo er doch nur einen Wodka mit Tomatensaft und Tabasco zu sich genommen hat.

Iren haben es da leichter: Sie teilen die Summe durch die Zahl der Gäste. Das mag manchmal nicht ganz gerecht sein, ist ihnen aber lieber als die Pfennigfuchserei. Einige Lokale haben auf ihren Speisekarten vermerkt, dass Einzelrechnungen leider nicht in Frage kämen, doch könne sich jeder anhand der verschiedenen Posten seinen Anteil ausrechnen, wenn er möchte. Der Hinweis ist zweisprachig: englisch und deutsch.

Der irische Boom hat auch Missgunst hervorgerufen. Schon 1998 schrieb der *Spiegel*: »Bonn überweist knapp 22 Milliarden Mark nach Brüssel und erhält 11,5 Milliarden.« Die Iren hingegen machen »ein sattes Plus von über 2,4 Milliarden Mark«. Irische Bauern beschäftigten sich im Grunde nur damit, »sich über den jeweils neuesten Stand der EU-Zuwendungen auf dem Laufenden zu halten«. Der *Spiegel*-Autor warf ihnen »illegale Abzockerei« vor. Er hat festgestellt, dass es offenbar weniger Schafe in Irland gibt als angenommen. Die listigen Schnorrer treiben bei Inspektionen einfach dieselbe Herde auf »verschiedenen Bauernhöfen immer aufs Neue zum Nachweis der Subventionsberechtigung« vorbei. Und dann rudern sie mit den Tieren nach Wales hinüber, um dort auch nochmal abzukassieren. Der Agrarinspektor, der ihnen auf die Schliche kommen könnte, lebe gefährlich und »muss im Dienst immer mit Prügel rechnen«.

Der Artikel rief in Irland nicht nur einen landesweiten Wutausbruch hervor, sondern man zahlte es mit gleicher Münze heim. Der *Cork Examiner*, ein Lokalblatt mit überregionalen Ambitionen, fand den Namen des *Spiegel*-Autors heraus: Dirk Koch besitze zwei Häuser im Süden der Grafschaft Cork, schrieb die Autorin Anne Lucey, und das sei typisch: »Hohe Mauern, höhere Tore, bellende Stimmen und Missachtung von Jahrhunderte altem Wegerecht.« Selbst die Nägel würden sie aus Deutschland importieren, wenn sie ihre Häuser bauten, weil ihnen die irischen Produkte nicht gut genug seien. »Sie wollen das Land für sich allein und würden uns am liebsten vertreiben.« Das vernichtende Urteil: Die Deutschen seien auch nicht besser als die Engländer, die früher die Köpfe der Iren vermessen haben, um nachzuweisen, dass sie eigentlich zu den Affen gehören.

Und undankbar sind die Affen obendrein. Nicht wenige EU-Politiker empörten sich, dass die Iren erst aus den EU-Töpfen abkassiert und dann im Sommer 2008 den EU-Reformvertrag von Lissabon per Referendum abgelehnt haben. Nicht ganz zu Unrecht wirft man den Iren außerdem vor, das europäische Finanzsystem ins Wanken gebracht zu haben. Irische Gesetze garantieren Steuerfreiheit für das Management, stellen geringe Anforderungen an die Kapitalunterlegungen und sehen keine aufsichtsrechtliche Hürden und eine vereinfachte Kotierung an der irischen Börse vor.

»Der Inselstaat ist langsam reif für den Eintrag ins Guinnessbuch der Rekorde«, schrieb Tobias Bayer in der *Financial Times Deutschland*. »Ob EU-Referendum oder Bankenschieflagen, die Iren sind allgegenwärtig.«

Die Iren bemühen sich nach Kräften, alles wieder gutzumachen. Sie haben eingesehen, dass ein Wirtschaftsaufschwung nicht zu ihnen passt und ihr Image im Ausland ruiniert. So sind sie schneller und gründlicher in die Rezession gerauscht, als alle anderen.

Die Europäische Kommission prophezeit, dass Irland in den nächsten Jahren die zweitschwächste Wirtschaft aller EU-Länder haben wird, die Arbeitslosigkeit werde auf über zehn Prozent ansteigen. Die irische Regierung hat vorbildlich dazu beigetragen: Sie hat die satten Haushaltsüberschüsse der fetten Jahre für pompöse Straßenbauprojekte und für den Stimmenfang verpulvert, so dass nun nichts mehr übrig ist und allerorten gekürzt werden muss.

So waren die Boomjahre wohl lediglich ein kurzer Abstecher in den Reichtum – vom Armenhaus zum keltischen Tiger und wieder zurück zum Armenhaus? Die traditionellen Irlandfans aus aller Welt würde es freuen, wenn ihre Grüne Insel wieder zum Naturreservat für ausgebrannte Kapitalisten würde. Dann könnten sich die Iren endlich auf das Wesentliche konzentrieren: das Trinken des schwarzen Bieres, das Singen melancholischer Lieder und das Verfassen von Werken der Weltliteratur.

Wer hustet, hat schon verloren

Der Ire und seine Alltagsfreuden

Wie viele Iren gibt es eigentlich? Mehr als noch vor 25 Jahren. Die Bevölkerungszahl ist von dreieinhalb auf über vier Millionen gestiegen. Dafür ist nicht nur die Geburtenrate der Grünen Insel verantwortlich, die mit 1,93 Kindern pro Frau noch immer deutlich über dem EU-Mittelwert liegt – und das Durchschnittsalter deshalb mit 34,2 Jahren unter dem EU-Schnitt von 38,9 Jahren. Hinzu kommt, dass Irland, das klassische Auswandererland, im vergangenen Vierteljahrhundert zum Einwandererland geworden ist. Die größte Gruppe stellen die Polen mit mehr als 200.000 Menschen. Der irische Billigflieger Ryanair spielt dabei eine große Rolle, da vor allem Polen aus den Regionen nach Irland einwandern, die über eine Ryanair-Direktverbindung nach Dublin verfügen.

Doch die Zeiten des Wirtschaftsbooms mit Wachstumsraten um zehn Prozent, die Irland den Spitznamen »keltischer Tiger« einbrachten, sind vorbei. Mit stagnierender Wirtschaft und steigender Arbeitslosigkeit hat die Auswanderung inzwischen wieder zugenommen, die Einwanderung ist in den ersten sechs Monaten 2008 um 40 Prozent gegenüber dem gleichen Zeitraum im Vorjahr gesunken.

Nur die wenigsten Immigranten sehen Irland als neue Heimat an, noch weniger haben die irische Staatsbürgerschaft angenommen. Dabei ist es nicht sonderlich schwer, Ire zu werden. Kein Land in Europa handhabt die Einbürgerung so großzügig wie Irland. Wer genügend Geld auf der Grünen Insel investiert, wird gerne naturalisiert. Der damalige Premierminister Charles Haughey überreichte dem Scheich Khalid bin Mahfouz, einem Schwager Ussama bin Ladens, bei einer Dinner Party in den achtziger Jahren elf irische Pässe für die ganze Familie – gegen eine »persönliche Spende«.

Bis 2005 reichte es für die Staatsbürgerschaft auch aus, in Irland – und dazu gehört auch Nordirland – geboren zu sein, selbst wenn das zufällig bei einer Urlaubsreise geschah. Diese Regelung wurde dann per Referendum geändert, da die Regierung behauptete, dass Asylbewerberinnen das ausgenutzt haben und geschwind einreisten, nachdem die Wehen eingesetzt hatten.

Nun muss man ein irisches Eltern- oder Großelternteil nachweisen, um einen Pass zu bekommen. Das trifft zum Beispiel auf die irische Fußball-Nationalmannschaft zu, die überwiegend aus Spielern besteht, die in England geboren sind. Wer einen Iren oder eine Irin heiratet und danach mindestens drei Jahre auf der Insel lebt, hat ebenfalls Anrecht auf die irische Staatsbürgerschaft. Alle anderen Ausländer müssen ihren »guten Charakter« nachweisen und eine Loyalitätserklärung zum Staat abgeben. Die Entscheidung liegt dann beim Justizminister. Die genaue Zahl der Ausländer, die derzeit in Irland leben, ist ungewiss, da es keine Meldepflicht gibt.

Der Staat interessiert sich aber brennend für das Privatleben seiner Schäfchen. Zu diesem Zweck veranstaltet er alle paar Jahre eine Volkszählung, bei der man über Wohnsituation, Bildungsstand, Gesundheit, Aufstehgewohnheiten und allerlei Intimes Auskunft geben muss. Andernfalls drohen 25.000 Euro Geldstrafe.

Mein Freund Robert hatte sich als Volkszähler beworben, und weil er ein pensionierter Mathematik-Professor ist, beförderte man ihn sogleich zum Teamleiter: Er bekam elf Studenten und Studentinnen zugeteilt und musste deren Einsatzgebiete koordinieren. Er selbst konnte auf seiner Gartenbank abwarten, ob irgendein Notfall es erforderlich machte, dass er einspringen musste. Natürlich gab es einen Notfall. Sharon, eine Studentin, war für die Cross Guns Apartments in Nord-Dublin eingeteilt, eine ehemalige Getreidemühle, die vor einigen Jahren in teure Yuppie-Wohnungen umgebaut worden war. Einer der Yuppies stammte offenbar von einem Rottweiler ab. Jedenfalls knallte er Sharon die Tür vor den Latz und brüllte, dass sie sich ihren Fragebogen rektal verabreichen könne – er beschrieb es etwas anschaulicher. Nun musste Robert ran.

Volkszähler hassen Apartmentblocks, weil sie wie Hochsicherheitstrakte abgeschirmt sind, damit kein Unbefugter hineinkommt. Und auch kein Volkszähler. Zwar gibt es Klingeln, aber selbst wenn einem per Türöffner aufgemacht wird, kommt man nicht weiter als in ein Foyer. Die zweite Tür zum Treppenhaus kann nur mit einem Schlüssel geöffnet werden, doch natürlich bequemt sich niemand für einen Volkszähler nach unten.

Robert musste eine halbe Stunde warten, bis ein Bewohner nach Hause kam und er hinter ihm durch die zweite Tür schlüpfen konnte. Das bereute er sogleich. Der Rottweiler aus Apartment 61 erklärte lautstark, dass er die Tür keineswegs öffnen werde. Robert tippte auf Damenbesuch, der geheim bleiben sollte. Am Stichtag muss man sich nämlich dort in den Fragebogen eintragen, wo man sich gerade aufhält, auch wenn es ein Hotel, ein Krankenhaus oder eine Ausnüchterungszelle ist.

Robert wusste, dass bei dem Rottweiler nichts zu machen war. Macht nichts, dachte er sich, dafür gibt es ein Formblatt, und zwar mit der dringenden Aufforderung, den Fragebogen umgehend per Post zurückzuschicken. Robert schob es unter der Tür durch. Das gleiche tat er ein paar Türen weiter, wo die Volkszähler schon drei Mal niemanden angetroffen hatten. Im letzten Moment bemerkte er, dass er die irischsprachige Version des Mitteilungsblattes unter die Tür geschoben hatte. Irisch ist zwar erste Landessprache, wird aber nur noch von wenigen Menschen gesprochen. Ob er etwa auch bei dem Rottweiler…?

Er hatte. Der Mann stürzte aus der Wohnung und wedelte aufgebracht mit dem Zettel. »Ihr wollt mich wohl verarschen«, giftete er, »ich habe bei der letzten Volkszählung vor vier Jahren angekreuzt, dass ich kein Irisch kann. Glaubst du etwa, ich habe es in der Zwischenzeit gelernt?« Robert warf ihm die englische Version vor die Füße und machte sich aus dem Staub. Als er in Sicherheit war, füllte er den Fragebogen für den Rottweiler nach Gutdünken aus. Bei der Frage nach der Gesundheit trug er »Choleriker« ein.

In Anbetracht der irischen Politiker und Dienstleistungsunternehmen ist es ohnehin nur eine Frage der Zeit, bis man zum Choleriker wird. Trotz Wirtschaftswachstum und Modernisierung ist Irland in vieler Hinsicht eine Bananenrepublik geblieben. Viele Politiker haben keinen anständigen Beruf ergriffen, weil sie ihr Einkommen mit Bestechungsgeldern aufbessern und bei der Vergabe von öffentlichen Aufträgen obendrein die Großfamilie finanziell absichern können. Und in keinem Land Europas können Unternehmen ihre Profitsucht so hemmungslos ausleben wie auf der Grünen Insel. So hat zum Beispiel die Müllabfuhr in Dublin 2008 die Gebühr still und heimlich um ein Viertel erhöht.

An der Spitze der Tabelle der unverschämtesten Firmen liegt Eircom. Die Telefongesellschaft, die 1999 privatisiert wurde, war bis 2007 die teuerste in Europa. Das reichte den Geldsäcken jedoch nicht, und so erhöhten sie flugs die Grundgebühr. Nun ist Eircom die teuerste Telefongesellschaft der Welt. Und die inkompetenteste. Um den Profit nicht durch irgendwelchen Schickschnack zu beeinträchtigen, hat man den Service komplett gestrichen.

Das wurde mir klar, als meine Telefonleitung den Geist aufgab. In der Störungsstelle sitzt kein Mensch, sondern ein Computer, der mit einem Spracherkennungssystem ausgerüstet ist. Ob ich von meinem eigenen Telefon aus anrufe? Aha, eine Fangfrage, aber ich fiel nicht darauf herein. Dann erklärte er mir, dass ein Sturm die Leitungen beschädigt habe. Aber sie verlaufen doch unterirdisch, wandte ich ein, was den Computer ärgerte, so dass er auflegte. Beim nächsten Versuch riss ich mich zusammen und redete nicht dazwischen. Die Reparaturarbeiten werden vier Tage dauern, erklärte mir die Maschine.

Nach fünf Tagen war die Leitung immer noch tot. Ich rief erneut den Blecheimer an, musste jedoch husten, woraufhin er das Gespräch beendete. Nach einem Gläschen Hustensaft ging es mir besser. Das garstige Gerät verriet, dass die Reparatur vier Tage dauern werde. Ich musste mit einer richtigen Person sprechen, das wurde mir klar.

In der irrigen Annahme, dass er mich mit jemandem verbinden würde, wenn er mich nicht versteht, schrie ich mehrmals »Fuck you«, als sich der Computer meldete, doch er begann, Eircom zu preisen. Er war durch nichts zu bremsen. Als er fertig war, legte er auf. Es ist wohl die Rache der Programmierer, die den Fuck-you-Trick kennen.

Bei meiner nächsten Anfrage schnauzte mich die kundenhassende Kiste an, dass ich für diese Nummer bereits eine Störung gemeldet habe, und legte auf. Er ist anscheinend nachtragend, ich musste mich entschuldigen. Und siehe da – er nahm meine Entschuldigung an und stellte mich zu einer Beatrice durch.

Am Montag werde mein Telefon wieder funktionieren, versprach sie mir. Am Montag geschah gar nichts. Beatrice hatte gelogen.

Schlimmer war, dass wegen der Störung das Internet nur sporadisch funktionierte. So gingen mir 80 Euro durch die Lappen, weil die Verbindung zusammenbrach, als ich auf einen Geheimtipp beim Grand National wetten wollte. Von Eircom gab es kein Lebenszeichen, und vom Telefon erst recht nicht. Nur mein neuer Freund, der Computer, behauptete unverdrossen, dass der Schaden in vier Tagen behoben sein würde.

Nach vier Wochen Totalausfall von Telefon und Internet, wodurch ich täglich zu schlechter Musik im Internetcafé verurteilt war, funktionierte plötzlich alles wieder. Die Freude währte keine Woche – das Telefon gab erneut keinen Ton mehr von sich. Wenigstens tat es die Internet-Leitung noch. Die mir bereits bestens bekannte Computerstimme des Störungsdienstes versicherte wieder, dass innerhalb von vier Tagen alles gut werde. Tatsächlich tauchten vier Tage später zwei Eircom-Herren auf.

Statt sich an die Reparatur zu machen, lästerten sie über meine Telefonanlage, als ob ich sie selbst installiert hätte. Mein Einwand, dass ihre Kollegen für den Kabelsalat verantwortlich seien, quittierten die Herren mit einem verächtlichen »Hör mir bloß auf mit den Kollegen«.

Die hatten, so erklärten sie mir, meine Telefonleitung gesplittet, so dass darüber nun auch das Internet laufe. So etwas könne ja nicht funktionieren.

Hat es aber jahrelang, wandte ich ein, aber die Herren ließen das nicht gelten: »Die ganze Anlage hätte jeden Moment zusammenbrechen können.« Das sei sie ja nun auch, meinte ich und ermunterte die beiden Klotzköpfe, den Schaden zu beheben. Völlig unmöglich, bedauerten sie: Für die Verteilerbox, in der meine Leitung gesplittet sei, gebe es schon lange keine Ersatzteile mehr. Aber man habe immerhin einen Teilerfolg erzielt: Mein Internet sei einsatzbereit. Das war es auch zuvor, meinte ich.

Was sei mit dem Telefon? Das müsse endgültig abgeschaltet werden. Eine neue Leitung sei vonnöten, doch dazu müsse man die Straße aufreißen und einen Graben durch den Garten ziehen. Dann würde ich zwei nagelneue Telefonsteckdosen an der Eingangstür bekommen. Dort nützen sie mir nichts, da der Computer oben im Büro stehe. Das sei ja wohl mein Problem, meinten die Herren. Ein Kollege werde mir demnächst alles erläutern.

Der hatte leider schlechte Laune, als er drei Tage später auftauchte. Meine Frage, ob er gegen die losen Kabel, die wie ein Mikadospiel aus der Wand ragten, etwas unternehmen könne, beantwortete er mit einer Gegenfrage: »Wieso? Ich war das nicht.« Nein, es waren die Kollegen. »Hör mir auf mit den Kollegen«, winkte er ab. Offenbar herrscht bei Eircom eine kollegiale Atmosphäre. Außerdem müsse er jetzt zum Lunch, er habe seit dem Frühstück nichts gegessen. Und nach dem Lunch? »Dann habe ich Feierabend.«

Er würde zurückkommen, wenn der Graben gezogen

sei – von den Kollegen. Die riefen mich eine Woche später auf dem Handy an, als ich unterwegs war. Man habe die Straße aufgerissen und einen breiten Graben durch den Vorgarten gezogen, nun könne das Kabel verlegt werden. Wann ich denn zu Hause sein werde? Ich wohne doch in Nummer 148? Nicht ganz, korrigierte ich, es sei die Nummer 128. Die Nachbarn in Nummer 148 haben in ihrem umgegrabenen Garten inzwischen Kartoffeln angepflanzt.

Auf meine schriftliche Anfrage, ob wenigstens meine Telefonrechnung für den Ausfallzeitraum reduziert werden könne, erhielt ich einen Anruf: Man habe kein Personal, um Kundenbriefe zu lesen. Ich solle das telefonisch klären. Nach tagelangen Versuchen erreichte ich einen Joe, der seinen Nachnamen nicht herausrücken wollte: Es handle sich um seinen Familiennamen, und mein Anliegen sei ja wohl keine Familienangelegenheit. Dann erklärte er mir, dass ich keine Störung gemeldet habe und daher auch keinen Preisnachlass erhalten könne.

Joe gehört der irischen Dienstleistungsmafia an, und die ist ebenso perfide, wie die Drogenmafia, doch keine der beiden Organisationen wird durch eine Fernsehfahndung gesucht. Das bleibt den gefährlichen Verbrechern vorbehalten. Der irische Ede Zimmermann heißt Brenda Power. Sie präsentiert die Sendung »Crimecall« im staatlichen Fernsehen RTE. Wie bei »Aktenzeichen XY« geht es um ungelöste Verbrechen, und davon gibt es jede Menge in Irland.

Bei der Tatwaffe, um die es diesmal bei »Crimecall« ging, handelte es sich um eine Holzlatte. Schauspieler hatten das Verbrechen aufwändig nachgestellt, ein Polizist kommentierte den Fall im Studio. Zwei Zigarettenlieferanten hatten ihren Transporter vor einer Kneipe in der Nähe der Dubliner Innenstadt geparkt. Während einer die Kippen ins Wirtshaus trug, sortierte der andere im Laderaum die Lieferung für den nächsten Kunden. Plötzlich befahl ihm ein Passant, er solle sofort aus dem Lieferwagen verschwinden. Er hielt das zunächst für einen Scherz, bis ihm der bärtige Fremde mit einer Holzlatte auf die Beine schlug. Der Zigarettenlieferant ergriff vorsichtshalber die Flucht, wurde von dem Gangster jedoch nach wenigen Metern gestellt und zu seiner Verblüffung pausenlos mit leichten Schlägen auf die Unterschenkel traktiert. Unterdessen kletterte ein Komplize in den Lieferwagen und entwendete einen Karton Zigaretten.

Dann stiegen die beiden Diebe in ihr Fluchtfahrzeug, das in zweiter Spur neben dem Lieferwagen geparkt war, und rasten davon. Weit kamen sie nicht. Nach ein paar Kilometern kollidierten sie mit einer Mauer. Das Auto ging in Flammen auf, aber die Gauner konnten ihre wertvolle Beute – den Karton Zigaretten – aus dem brennenden Auto retten. Sie liefen damit wie die Hasen über eine breite Hauptstraße und verschwanden im Phoenix Park, dem großen Dubliner Stadtpark. Danach verlor sich ihre Spur.

Möglicherweise sei jemandem der Fluchtwagen aufgefallen, mutmaßte der Polizist im Fernsehstudio. Das

Fahrzeug sei recht auffällig, sagte er: ein Kia Mentor, der selten sei in Irland. Der Wagen sei in grellem Türkis lackiert gewesen – eine Farbe, die serienmäßig bei einem Kia gar nicht erhältlich ist, und vermutlich auch bei keiner anderen Marke. Darüber hinaus war das Vorderrad durch ein leuchtend rotes Notersatzrad aus Gummi ersetzt, mit dem man eigentlich nicht schneller als 80 fahren darf, wie der Polizist streng anmerkte. Zum Zigarettendiebstahl kommt also noch ein Verkehrsdelikt hinzu. Jedenfalls war das Auto so auffällig, dass nur noch eine Piratenflagge an der Antenne gefehlt hatte.

Die Polizei wollte nun wissen, ob einem Fernsehzuschauer das bunte Fahrzeug aufgefallen sei. »Der Wagen war natürlich gestohlen«, meinte Brenda Power, doch der Polizist verneinte. Warum man dann nicht den Halter dingfest gemacht habe, wollte Power wissen. Die Eigentumsverhältnisse seien bei dem Auto recht undurchsichtig, antwortete der Polizist ausweichend.

Die irische Drogenmafia hat das Filmchen, das um ein Vielfaches teurer war als die Beute, vermutlich mit großem Vergnügen verfolgt. Sollten die diebischen Kettenraucher doch noch geschnappt werden, müssen sie sich wenigstens nicht mit der Eircom-Mafia herumschlagen, sondern können mobil telefonieren, auch wenn dieser Begriff für Gefangene etwas unpassend scheint.

»Bleiben Sie in Kontakt!« So wirbt die Emirates-Fluglinie mit den Handyverbindungen an Bord. Was in der Luft funktioniert, geht auch im Knast – jedenfalls in Irland. Zwar sind den Gefangenen Mobiltelefone verboten, aber wer wegen Mordes, Telefonreparaturinkompetenz oder anderer Schwerverbrechen einsitzt, schreckt auch nicht vor unerlaubtem Handybesitz zurück.

Die Schwarztelefonierer sind aufgeflogen, als ein John Daly, der wegen bewaffneten Raubüberfalls verurteilt worden war, vor einiger Zeit aus seiner Zelle im Hochsicherheitsgefängnis Portlaoise bei einer Radio-Talkshow anrief und an einer Diskussion über organisiertes Verbrechen teilnahm. Er müsse jetzt auflegen, sagte er, als die Wärter, die ebenfalls Radio gehört hatten, in die Zelle stürmten. Daly war ein Trottel. Er hatte eine Tankstelle in Dublin überfallen. Als die Polizei sein Haus durchsuchte, fand sie die Tatwaffe. Daly wurde gegen Kaution freigelassen und überfiel prompt dieselbe Tankstelle erneut. Diesmal brummten sie ihm neun Jahre auf, doch nach knapp zwei Jahren kam er wegen guter Führung aus dem Gefängnis.

Lange Freude hatte er an der Freiheit nicht. Neulich wurde er von ehemaligen Gefangenen erschossen, die wütend darüber waren, dass man wegen Dalys Blödheit ihre Zellen durchsucht und ihnen Handys und andere Kontrabande weggenommen hatte.

Insgesamt wurden 2007 mehr als 2.000 Handys in irischen Gefängnissen beschlagnahmt, aber der Nachschub ist unerschöpflich. Die Drogenbarone leiten ihre

Geschäfte per Telefon weiterhin aus dem Knast. Bei einer Razzia wurden 41 Pistolen sowie Drogen im Wert von 4,2 Millionen Euro beschlagnahmt. Der Drahtzieher der Schmuggelei saß im Gefängnis. John Gilligan, der berühmteste Unterweltboss Irlands, dessen Geschichte in einem Hollywoodfilm über die ermordete Journalistin Veronica Guerin erzählt wird, hatte sein Handy bereits vorher eingebüßt: Er hatte nachts in seiner Einzelzelle so laut geredet, dass die Wärter misstrauisch wurden.

Den Drogenhandel im Gefängnis muss man allerdings nicht mit einem Handy dirigieren. Zwei Wärter und ein staatlicher Drogenberater wurden beim Schmuggeln erwischt, und neulich entdeckte man Kokain in der Gehhilfe einer alten Dame, die ihren Enkel im Knast besuchen wollte. Der Markt ist groß, die Gefängnisse sind überfüllt – außer Shelton Abbey im Südosten Irlands. Dort sind in einem Jahr 72 Gefangene abhanden gekommen. Obendrein hatte man den Gewaltverbrecher Mark Kenny versehentlich entlassen. Eigentlich sollte sein gleichnamiger Mithäftling, der wegen Verstoßes gegen die Verkehrsordnung saß, freikommen.

Drogen in die Gefängnisse zu schmuggeln, ist einfach. Aber einen Wellensittich? Der Vogel wurde von einer Besucherin in der Vagina ins Portlaoise-Gefängnis geschmuggelt und lebte dort monatelang unentdeckt. Sein Besitzer bestellte das Vogelfutter offiziell im Knastladen. Vermutlich kannte er den Film »*Birdman of Alcatraz*«, der auf einer wahren Geschichte basiert:

Der Gangster Robert Stroud, der 53 Jahre in Alcatraz verbrachte, rettete einen kleinen Spatzen, der aus dem Nest in den Gefängnishof gefallen war, und wurde später ein weltbekannter Ornithologe.

Anderen Vögeln sollte man dagegen den Hals umdrehen. Früher war der »Eurovision Song Contest« an einem Abend abgehakt, im Zuge der karnickelartigen Ländervermehrung in Europa müssen die Kampfsinger nun durch zwei Halbfinale, bis die 43 Teilnehmer für die Endrunde feststehen.

Die Iren traten in Belgrad in der ersten Runde an. Sieben Mal haben sie den Wettbewerb gewonnen, mehr als jede andere Nation, aber seit Jahren bekommen sie kein Bein mehr auf die Erde. 2007 wurden sie sogar letzte und mussten sich im nächsten Jahr fürs samstägliche Endsingen qualifizieren. Aus Trotz schickten sie einen Truthahn mit schlechten Manieren ins Rennen.

Dustin ist keine gewöhnliche Pute. Er kam in den achtziger Jahren auf einem Bauernhof in der Nähe von Dublin auf die Welt. Schon als Küken merkte er, dass er anders war als die anderen Truthähne. Also trampte er nach Dublin, wurde von Talentsuchern entdeckt und durfte im Kinderfernsehen »The Den« auftreten. Das war 1990. Inzwischen hat Dustin seine eigene Fernsehshow, in der er Politiker, Prominente und Landeier, wie er selbst eins war, beleidigt.

Dustin singt auch. Und wie: Im Laufe seiner Karriere hat er 25 Platinalben eingesackt, mit seinem

Co-Sänger Bob Geldof, der ehemaligen Boomtown-Ratte, stand er wochenlang an der Spitze der Charts. Als Dustin sich von Geldof wegen dessen mangelnder Körperhygiene trennte, war der Schock so groß wie bei der Auflösung der Beatles.

Dustin machte auch einen Abstecher in die Politik. Bei einer Nachwahl in Cork erhielt er mehr Stimmen als der ehemalige Präsidentschaftskandidat Austin Currie, der sich von der Niederlage gegen den Truthahn mit dem rotem Schnabel und dem grünem Anorak nie mehr erholte und seine Karriere beendete. Dustin hingegen hatte große Pläne: »Eine Stimme für Irland im diesjährigen Wettbewerb ist eine Stimme für ein größeres Europa, und sie wird mich an den mir zustehenden Platz als Europäischer Präsident katapultieren.« Besser als Tony Blair, der ebenfalls für den Posten gehandelt wird, wäre Dustin allemal. Außerdem würde er dann endlich aufhören zu singen.

Ein anderes Eurovisionssternchen hat es auch in die europäische Politik geschafft: Dana, die 1970 Irlands ersten Sieg im Wettsingen landete, zog später ins Europaparlament ein und vertritt eine katholisch-fundamentalistische Position. Sie mag Dustin nicht, er ist ihr vermutlich zu links. Man sollte lieber niemanden nach Belgrad schicken als einen Truthahn, sagte die dumme Pute. Johnny Logan, der den Wettbewerb zweimal als Sänger und einmal als Komponist gewonnen hat, fand, dass der Sängerwettstreit zu einer Witzveranstaltung verkommen sei. Als ob es sich zu seiner Zeit um eine seriöse Veranstaltung gehandelt hätte.

Andere Kritiker sprachen von der Trivialisierung des Wettbewerbs. Tatsächlich? Dustin gewann die irische Vorentscheidung mit dem Lied »Irlande Douze Points«, aus dem Wunschdenken sprach. Der Truthahn ließ sich in einem Einkaufswagen auf die Bühne schieben, tanzte vor einem Toilettensitz, auf den die Fotos vergangener Gewinner aufgeklebt waren, und furzte mitten im Lied. Den Resteuropäern gefiel das Lied im Gegensatz zu den Iren nicht. Dustin, der trojanische Truthahn, der mit seinem kläglichen Lied den Wettbewerb sabotieren wollte, bekam im Halbfinale keinen einzigen Punkt. Vielleicht kann man ihn zu Weihnachten mit Klößen servieren.

Doch selbst mit einem gebratenen Dustin wird mein Bekannter Barry seine Freundin Emma kaum gnädig stimmen können. Beide stehen weniger auf das Putengeplärre oder die anderen Eurovisionspfeifen, sondern eher auf anständige Rockmusik. Deshalb wollten sie an einem Wochenende zum Electric Picnic nach Stradbally, einer Kleinstadt in den irischen Midlands. Immerhin sollten bei dem dreitägigen Musikfestival Josh Ritter, die Basement Jaxx, The Frames, Tiefschwarz, die Gang of Four und Altmeister Rufus Wainwright auftreten. Insgesamt waren über hundert Bands und Musiker angekündigt. Die Tickets waren daher nicht billig: 175 Euro für das Wochenende.

Kurz vorher verkündete Emma jedoch, dass sie schwanger sei, was bei Barry umgehend einen Beschützerinstinkt weckte. Eine Schwangere, selbst wenn sie erst wenige Wochen in diesem Zustand war, benötigte auf einem Rockfestival minimalen Komfort, fand Barry. Also kaufte er ein anständiges Doppelwandzelt, zwei bequeme Luftmatratzen, und fuhr am Freitagmorgen nach Stradbally, um alles vorzubereiten. Emma sollte am Abend nachkommen.

Als Barry Stradbally erreicht hatte, stellte er entsetzt fest, dass er zwar einen Kasten Bier und eine Flasche Whiskey eingepackt, das Zelt und die Luftmatratzen jedoch vergessen hatte. Die schwangere Freundin würde nicht amüsiert sein, das war ihm schnell klar. Und sie war bereits unterwegs. Barry telefonierte hektisch mit allen möglichen Verwandten und Bekannten, um irgendwo ein Ersatzzelt aufzutreiben. Endlich wurde er fündig: Er solle an einer bestimmten Stelle auf dem Campingplatz warten, befahl der Vetter, man werde ihm ein Zelt bringen.

Die Stunden vergingen, der Bierkasten wies bereits erhebliche Lücken auf, als das Zelt endlich geliefert wurde: Es war ein recht trauriges Exemplar, von Luxus für eine Schwangere, wie Barry versprochen hatte, konnte keine Rede sein. Emma bekam umgehend schlechte Laune, als sie den angetrunkenen Barry und das windschiefe Zelt sah. Sie beschloss, am nächsten Morgen wieder zurück nach Dublin zu fahren.

Das erwies sich als nicht so einfach. Sie konnte ihr Auto nicht finden. Im Vorjahr waren nur 7.000 Menschen zum Festival gekommen, diesmal waren es 35.000. Damit waren die Veranstalter hoffnungslos überfordert. Zwar hatten sie in Windeseile sieben Felder als Parkplätze gemietet, aber die Markierungen von Feld A bis Feld G waren von den Bäumen herabgefallen, so dass Emma keine Ahnung hatte, wo ihr Auto abgeblieben war. Und die Ordner kamen aus Schottland. Sie wussten selbst nicht, wo sie waren.

Am Abend gaben Barry und Emma auf. Sie würden das Auto am nächsten Morgen als gestohlen melden müssen. Auf dem Weg zur Polizei trafen sie jedoch am Rande des Festivalplatzes einen einheimischen Bauern, der als Hilfsordner eingestellt worden war. Wann genau sie denn angekommen sei, wollte er von Emma wissen. Am Freitag um 18.45 Uhr? Dann stehe der Wagen auf Feld E, und zwar in der dritten Reihe. Nach zwei Minuten hatten sie das Auto gefunden. Emma fuhr wütend ab. Barry, der bis dahin noch keine einzige Band auf der Bühne erlebt hatte, hörte sich die Pet Shop Boys an, bevor er nach Hause fuhr – 175 Euro für eine Band, die ihn unter den hundert aufgelisteten am wenigsten interessierte.

Dann kamen ihm auch noch Zweifel bezüglich Kindern. »Manchen Sprichwörtern entbehrt es jeglicher Grundlage«, sagte er. Zum Beispiel: »Kinder und Betrunkene sagen immer die Wahrheit.« Bernie, Barrys Nachbarsjunge, ist zehn. Für sein Alter ist er erstaunlich gutgläubig. Er ist Fan des Dubliner Teams im »Gaelic Football«, einer traditionellen irischen Sportart, die mit der viel jüngeren englischen Erfindung, dem »Soccer«, nur entfernt verwandt ist.

Bernie kleidet sich stets im hellblau-dunkelblauen Trikot dieser Dubliner Mannschaft, er schläft in der entsprechenden Bettwäsche und trinkt seinen Kakao aus einer Fan-Tasse. Neulich lief er durch Barrys Nachbarschaft und posaunte herum, dass er schwul sei: »I am gay«, krähte er aus vollem Hals zur Verblüffung der Passanten. Ein sehr frühes »coming out«? Mitnichten. Kathy, seine gleichaltrige, aber weniger naive Cousine hatte ihm erklärt, dass die Fans der Dubliner Fußballmannschaft sich stolz als »Gays« bezeichnen. Bernies Mutter brachte ihm schonend bei, dass ihn die böse Base belogen hatte.

Eine Lehre war ihm das nicht. Kurze Zeit später war Bernie ungewöhnlich still. Der Zustand hielt fast eine Woche an. Irgendetwas bedrückte ihn, aber aus ihm war nichts herauszubekommen. Schließlich brachte ihn sein Bruder zum Reden. Es sei etwas Schreckliches passiert, platzte es aus Bernie heraus. Es gebe ein riesiges Problem mit Oma. Die lebt auf Achill Island, einer Insel vor der irischen Westküste, auf der auch Heinrich Böll ein Haus besaß, in dem er einen Großteil seiner Werke verfasst hat.

Kathy hatte Bernie erzählt, dass die Engländer versehentlich eine Atombombe auf die Insel geworfen hätten. Zuzutrauen wäre es ihnen ja durchaus. Bernie wagte nicht, seiner Mutter zu sagen, dass ihre Mutter bombardiert worden und höchstwahrscheinlich umgekommen sei. Sein Bruder, zwei Jahre jünger aber zehn Jahre abgeklärter, tat das einzig Vernünftige in diesem Fall: Er rief die Oma kurzerhand an. Bernie wunderte sich, dass die Telefonleitungen noch intakt waren, und die Oma wunderte sich, warum Bernie sich nach dem Zustand der Insel erkundigte.

Manchmal aber sagt sogar Kathy die Wahrheit. Neulich rannte sie aufgeregt Barrys Straße entlang, im Schlepptau Bernie und zwei andere Kinder. »Wir müssen höchstwahrscheinlich ins Gefängnis«, erklärte Bernie. War er wieder auf einen Schabernack von Kathy hereingefallen? Aber sie schien selbst ziemlich verzweifelt. Man habe Steine in den Garten einer älteren Dame geworfen. Die habe sie erwischt und drohte ihnen, dass sie die Polizei verständigen werde, die die Kinderbande zweifellos einsperren würde.

»Im Gefängnis gibt es miserables Essen«, sagte Kathy. »Das hat mir mein Vater erzählt. Er hat jahrelang nur Quetschkartoffeln mit Erbsen und Sauce bekommen.« Er esse das ganz gerne, meinte Bernie, und die anderen Kleinkriminellen stimmten ihm zu. So verlor das Gefängnis plötzlich erheblich an Schrecken für die kleinen Gartenschädlinge. Man wird in Zukunft wohl noch einiges von ihnen hören.

Mir machen eher die großen Gartenschädlinge zu schaffen. Eigentlich wollte ich nur die Heizung am Boiler im Gartenschuppen etwas höher drehen, weil Frost angesagt war. Doch auf dem Weg zum Schuppen stellte mir die Schwarzäugige Susanne ein Bein, so dass ich ins Brombeergestrüpp fiel. Während ich die Stacheln aus den Armen pickte, wurde mir klar, dass etwas geschehen musste.

Die Schwarzäugige Susanne ist keineswegs eine niederträchtige Bekannte von Kathy, sondern eine niederträchtige Schlingpflanze, auf lateinisch heißt sie Thunbergia alata. Sie muss sich in einem unbeobachteten Augenblick in den Garten geschlichen haben. Das gilt allerdings auch für das Brombeergestrüpp und all das andere Unkraut, dass den Garten in einen Miniaturdschungel verwandelt hatte. Wäre ich Mitglied bei den Grünen, würde ich es Biotop nennen.

Unkraut ist laut Bibel die Strafe Gottes für den Sündenfall. Im 1. Buch Moses heißt es: »Verflucht sei der Acker um deinetwillen, mit Kummer sollst du dich darauf nähren dein Leben lang. Dornen und Disteln soll er dir tragen.« Im Lexikon wird Unkraut als »Pflanzen der spontanen Begleitvegetation in Kulturpflanzenbeständen, die dort nicht gezielt angebaut werden«, definiert.

Nun überleben Kulturpflanzen in unserem Garten jedoch nie sehr lange. Sie reagieren auf mich trotz all meiner Bemühungen ähnlich wie elektronische Geräte und verabschieden sich spontan. Ich habe es sogar mit der Prinz-Charles-Methode versucht und mit den Pflanzen gesprochen. Offenbar erschreckt sie meine Stimme aber dermaßen, dass sie sich davon nicht mehr erholen.

Es musste also ein Experte her. Ein Freund riet mir, ich solle seinen Nachbarn John beauftragen, den Garten in Ordnung zu bringen, denn er habe im Gegensatz zu mir ein gutes Verhältnis zu Pflanzen. John legte sofort los.

Als ich ein paar Tage später von einer Hochzeitsfeier in London zurückkehrte, stellte ich überrascht fest, dass vor dem Haus vier riesige Müllcontainer standen.

Im ersten lag das Brombeergestrüpp. Der zweite enthielt den Rasen. John hatte ihn fein säuberlich abgetragen. Im dritten Container befand sich der Baum, der bis dahin im Garten beheimatet war. Der vierte Container war noch leer. Das machte mich misstrauisch.

Als ich im Garten nachsah, war John gerade dabei, die letzte verbliebene Pflanze auszugraben. Wo früher Rasen war, lagen nun braune Kieselsteine. Ein Weg aus braunen Schieferplatten führte zum braunen Schuppen. Neben einen braunen Zaun hatte er eine Sitzgruppe aus braunem Stein und ein großes braunes Rankgerüst montiert. Es gab jedoch keine Pflanzen mehr, die sich daran hochranken könnten. Vor der Gartentür hatte John ein braunes Dach angebracht, damit ich »auch bei Regen im Garten rauchen« könnte. War braun möglicherweise seine Lieblingsfarbe? Es sei ein Sonderangebot gewesen, antwortete er.

Nachdem ich meine Sprachlosigkeit überwunden hatte, bat ich ihn sarkastisch, wenigstens ein paar Braunlilien aus Plastik zwischen die Kieselsteine zu stecken. Er habe sich genau an meine Vorgaben gehalten, erklärte er beleidigt. Ich hatte von einem »low-maintenance garden« gesprochen, also einem pflegeleichten Garten. Er hatte »no-maintenance« verstanden, also pflegefrei. Ab und zu muss ich allerdings Staub wischen.

Kohlrabi und Fischkuchen

Der Ire und seine kulinarischen
Errungenschaften

Im Teetrinken sind sie Weltmeister: 200 Liter rinnen jährlich durch irische Kehlen. Tee ist auf der Grünen Insel ein Allheilmittel. Man trinkt ihn in allen Lebenslagen, viele Iren wären ohne sieben bis acht Tässchen am Tag gar nicht funktionstüchtig. Irische Bauarbeiter trinken sogar noch mehr. 70 Prozent finden laut einer Untersuchung, dass Tee eine entspannende und Stress abbauende Wirkung habe. Dadurch würde ihre Produktivität gesteigert. Deutsche Bauarbeiter schreiben diese Eigenschaften eher dem Bier zu. Während die deutschen Lehrlinge traditionell zum Bierholen geschickt werden, müssen sie auf den britischen Inseln in den Pausen Tee aufbrühen – das erste Mal, bevor mit der Arbeit überhaupt begonnen wird.

Die Untersuchung wurde von der Teemarke mit dem passenden Namen »Make Mine A Builders« durchgeführt. Man hat herausgefunden, dass der durchschnittliche Verbrauch beim Bau einer Doppelhaushälfte mit drei Zimmern bei 9.500 Tassen Tee liegt. Bei größeren Projekten wie der Restaurierung des Londoner Bahnhofs St. Pancras sind es sogar sechs Millionen Tassen. Auf der Webseite der Teefirma ist ein lustiges Video mit allerlei Baustellen-Unfällen zu sehen: Männer, die von Dächern stürzen, in die Kanalisation fallen oder mitsamt Leitern in Dornenbüschen landen. Vermutlich kommen sie danach durch eine Tasse Tee wieder auf die Beine.

Teepausen gibt es seit 200 Jahren. Manche Ehepaare haben sogar einen elektrischen »Tea maker« auf dem Nachttisch – ein Plastikkästchen mit Zeitschaltuhr, dass morgens heißes Wasser in zwei Tassen mit Teebeuteln fließen lässt. Eine nutzlose Erfindung, denn man muss die Beutel entsorgen und die Milch hinzufügen, die im Sommer – den es auch in Irland bisweilen gibt – auf dem Nachttisch sauer geworden ist.

Was Tom Butler, dem Bischof von Southwark, in der irischen Botschaft in London serviert wurde, war dagegen keinesfalls Tee. Warum ist er bloß dorthin zur Weihnachtsfeier gegangen? Er hätte wissen müssen, dass an solchen Festlichkeiten schon so manche Karriere oder Ehe gescheitert ist. Und aus irischen Örtlichkeiten ist noch keiner nüchtern herausgekommen, erst recht nicht zu Weihnachten. Eine ganze Reihe von Abgeordneten sind in den vergangenen Jahren aus der Botschaft Irlands auf den Knien herausgekrochen.

Der Bischof offenbar auch. Der 66-Jährige, einer der höchsten Würdenträger der Church of England, torkelte nach der Feier nach Hause, als ihn eine unendliche Müdigkeit überfiel – im Englischen nennt man diesen Zustand euphemistisch »tired and emotional«. So brach er kurzerhand in einen Mercedes ein, der ausgerechnet in der Crucifix Lane vor der Suchard-Bar neben der Kathedrale geparkt war, legte sich auf den Rücksitz und warf den Teddybären des einjährigen Sohnes der Autobesitzer aus dem Fenster.

Leider war der Wagen durch eine Alarmanlage gesichert.

»Mein Partner und sein Kumpel rannten auf die Straße, um zu sehen, was mit unserem Auto los war«, sagte Nicola Sumpter. »Sie waren ziemlich überrascht, als sie einen grauhaarigen Mann in einer Soutane auf dem Rücksitz sahen. Er behauptete, dass er der Bischof von Southwark sei, und weigerte sich auszusteigen. So zogen sie ihn aus dem Auto, und er legte sich auf die Straße.« Ein Passant rief einen Krankenwagen, aber Butler lehnte ärztliche Hilfe ab. Schließlich stand er auf und wankte in Richtung Kathedrale. Am nächsten Tag meldete er bei der Polizei den Verlust seiner Tasche, seiner Brille und seines Mobiltelefons. Die lagen freilich im Mercedes.

»Er erinnert sich kaum an den Abend«, sagte sein Sprecher. »Er hat sich den Kopf gestoßen, aber er ist guter Dinge. Er möchte die Sache gerne herunterspielen.« Dafür wählte er aber den falschen Weg. Bei der Sonntagsmesse erklärte er der Gemeinde, dass er seine Bischofsmütze nicht tragen könne, weil sie nicht über die Beule passe, denn er sei »offenbar überfallen« worden.

»Das Problem ist, dass ich keine Ahnung habe, was passiert ist«, sagte der Bischof. »Ich erinnere mich an keinen Mercedes. Ich dachte, ich bin mit dem Bus nach Hause gefahren. Mein Arzt sagte mir, dass meine Verletzungen auf einen Schlag auf den Kopf hindeuten. Deshalb nahm ich an, dass ich überfallen worden bin. Ich hoffe, dass die Polizei mehr Klarheit in die Sache bringen kann.« Die hat den Mercedes inzwischen forensisch untersucht.

An das Fest selbst erinnert sich Butler noch gut. »Es war eine dieser vorweihnachtlichen Feiern mit Getränken und Knabbereien«, sagte er. »Ich nahm einen Drink.« Einen Drink? Es muss ein ziemlich großes Glas gewesen sein. Oder haben sie ihm Poteen eingeflößt, den schwarzgebrannten Whiskey, der bis zu 90 Prozent haben kann? »Darin liegt die Schwierigkeit«, räumte Butler ein. »Ich bin nicht in der Lage, irgendeine kategorische Erklärung abzugeben.«

Alan Craig von der Christlichen Allianz im Stadtrat von Newham in Ost-London sagte: »Das ist überhaupt nicht komisch. Es ist traurig für ihn und für die Kirche. Natürlich kann man ihm vergeben, aber er kann nicht als Bischof weitermachen. Er sollte ein Vorbild sein, aber wer besoffen in der Gosse liegt, kann kein gutes Beispiel abgeben.«

Ein Kollege von Butler ist der gleichen Meinung. »Ich glaube nicht, dass er die Sache unbeschadet überstehen wird«, sagte der Bischof von Canterbury. »Tom hat stets sehr hart gegen betrunkene Pfarrer durchgegriffen. Ich kenne mindestens einen, der wegen Trunkenheit zurücktreten musste.« Colin Slee, der Dekan von Southwark, verteidigte seinen Chef dagegen: »Er hat kein Alkoholproblem. Er ist beliebter als jeder andere Bischof. Ich war mal auf einer Party mit ihm, und da hat er innerhalb von drei Stunden ein einziges Glas Wein getrunken.«

Irische Weihnachten kosten aber nicht nur Karrieren, sondern vor allem Geld. Keine Nation in Europa gibt mehr für Weihnachten aus als die Iren. Jeder Haushalt verprasst im Durchschnitt 1399 Euro für Geschenke, Völlerei und Ausgehen. Das ist mehr als doppelt so viel wie der europäische Durchschnitt. Aber nur fünf Prozent der Befragten sagen, dass ihnen die Weihnachtseinkäufe Spaß machen: Die Geschäfte seien zu voll, und es mangle an zündenden Geschenkideen. Wenn die Männer besser zuhörten, bestünde keine solch große Diskrepanz zwischen den Weihnachtswünschen der Ehefrauen und den Geschenken ihrer Männer: 40 Prozent hätten gerne eine Reise, aber nur sieben Prozent bekommen sie.

Aber der irische Mann führt seine Gattin in der Weihnachtszeit gerne ins Restaurant aus, damit sie milde gestimmt ist und ihm den wöchentlichen Vollrausch, der ebenfalls zur Adventszeit gehört, nicht allzu sehr ankreidet. Da viele Restaurants ausgebucht sind, nutzen sie die Gunst der Stunde und die festlich verklärten Gemüter, um die Kundschaft auszunehmen wie die Weihnachtsgans: Sie bieten lediglich ein »Christmas Special Dinner« zum horrenden Preis an, und wem das nicht passt, der bekommt gar nichts.

Das »Rupsha«, unser Lieblingsinder in Nord-Dublin, macht das nicht. Der Kellner ist trotz des Andrangs stets freundlich, versucht allerdings ständig, einem ein großes, teures Cobra-Bier anzudrehen, selbst wenn das Glas noch voll ist. Ich führe seit Jahren einen kleinen Privatkrieg gegen ihn. Ich bestelle jedesmal einen »Special Mixed Grill«, das aus einer Auswahl von Tandoori-Huhn, Tikka und Lasooni besteht – und einem Fisch-Kebab. Das fehlt jedoch seit Menschengedenken, und auch bei unserem Adventsbesuch ist von ihm nichts zu sehen. Ich moniere das wie immer, der Kellner entschuldigt sich lächelnd und verschwindet in der Küche. Wie üblich kommt er, just wenn ich meine Mahlzeit beendet habe, mit einer Untertasse zurück, auf der ein grässlicher Fischkuchen liegt – eine graue Masse, in der sich vermutlich ein Hering gewälzt hat. Ich esse ihn auch diesmal tapfer auf, während der Kellner mich beobachtet. Ich nehme an, dass er das Fisch-Kebab nicht von der Speisekarte streicht, weil er genauso viel Spaß an unserem Ritual hat wie ich.

Doch dann kam es anders. Weil wir überraschend Besuch hatten, bestellten wir beim »Rupsha« eine Lieferung. Ich hörte ungläubig, wie Áine am Telefon sagte: »Nein danke, wir trinken keinen Alkohol.« Ob sie von allen guten Geistern verlassen sei, wollte ich wissen. »Er wollte mir ein Cobra-Bier aufschwatzen«, entgegnete sie. Aber nein, heulte ich auf: Bei Bestellungen über 45 Euro erhalte man das Bier gratis. Der Kellner schickte uns stattdessen höhnisch zwei Dosen Cola light. Der Fisch-Kebab fehlte natürlich, und auch vom Fischkuchen war nichts zu sehen. Der Kellner wollte wohl, dass ich mich telefonisch beschwere, dachte ich, so dass er mir das grauenhafte Teil Stunden später bringen konnte. Zweifellos würde er durch das Fenster beobachten, wie ich die fischige Masse herunterwürge.

Doch dann entdeckte ich unter dem Reis eine riesige Garnele als Fisch-Kebab-Ersatz. Der Kellner war offenbar von einer unangebrachten Weihnachtsmilde überkommen worden. Wie schade.

Wenn man nicht gerade ins Rupsha geht, hat ein Restaurantbesuch in Dublin seine Schrecken längst verloren. Vorbei sind die Zeiten des fetten Schinkens, des totgekochten Gemüses, der klebrigen Quetschkartoffeln und der fixen Sauce, in der alles ertränkt wurde. Im Zuge des irischen Wirtschaftswunders sind Restaurants wie Pilze aus dem Boden geschossen, und jede Woche kommen im Durchschnitt zwei neue hinzu. In Dublin kann man auf einem Quadratkilometer eine kulinarische Weltreise unternehmen, wenn man sich die horrenden Preise leisten kann.

Aber es gibt ein anderes Problem. In indischen und italienischen, selbst in chinesischen und mexikanischen Restaurants, kennt man die Gerichte und versteht die Speisekarte. In den irischen Gaststätten wird das zunehmend schwerer, vor allem, wenn sie auf der Goldeselmeile in der südlichen Innenstadt liegen. Die Besitzer erfinden ständig neue Namen für die alten Gerichte, damit die Kundschaft glaubt, das Restaurant sei innovativ. So heißt der Rochen nicht mehr »Ray«, sondern »Skate«, weil es vornehmer klingt. Und Pommes mutierten von »Chips« zu »French fried potatoes« – auf diese Weise wird aus dem traditionellen Arbeiteressen »fish and chips« plötzlich eine französische Spezialität, für die man 20 Euro hinblättern muss.

Besonders töricht ist die Erfindung neuer Begriffe für Zubereitungsarten. »Panfried« findet man in keinem Wörterbuch – wozu auch? »Pfannengebraten« ist etwa so vielsagend wie »saubergewaschen«. Niemand wird annehmen, dass der Koch das Steak in seinem Turnschuh zubereitet hat. Die *Irish Times* taufte die Sprache »UKainian« – nach dem Vorbild der Snobs auf der Nachbarinsel, dem United Kingdom (UK). Am schlimmsten aber ist der aufgesetzte Dialekt der Snobs, der klingt, als ob sie Murmeln im Mund hätten oder der königlichen Familie angehörten.

Doch die gewöhnt sich ihren lächerlichen Akzent offenbar gerade ab. Prinz William, der Thronfolger nach dem ewigen Thronfolger, nahm auf der Militärakademie Sandhurst an einer Party der auszubildenden Offiziere teil. Das originelle Party-Thema: »Chav«. Das sind Proleten. William und die anderen angehenden Offiziere zogen sich allesamt Adidas-Trainingshosen, Turnschuhe, Goldketten und Baseballkappen an und legten sich prollige Akzente zu. Das ist sehr lustig, fand auch die Boulevardpresse.

Diese »Chav Bops« erfreuen sich zunehmender Beliebtheit an elitären Privatschulen, aber auch an den Universitäten Oxford und Cambridge. Das Schema ist immer dasselbe: Privilegierte Arschlöcher tun so, als ob sie arm wären. Und auf ihren Websites machen sie ihre Witze über die Menschen, die sie zu ihrer Belustigung nachäffen. Zum Beispiel: Wie nennt man eine »Chavette« im weißen Trainingsanzug? »Die Braut.« Oder: Was macht man, wenn man einen Chav überfahren hat? »Man fährt rückwärts, um sicher zu gehen.«

William passt in diese Clique, schließlich stammt er aus einer verkommenen Familie: der Großvater ist Rassist, der Bruder auch, der Vater ein arroganter Besserwisser, der Onkel Andrew ein schlichter Geist. Und sie sind von den Untertanen ja immer noch nicht zum Teufel gejagt worden. So haben sie sich den Amateur-Proll William redlich verdient.

Einen Job in einem irischen Restaurant könnte er als Chav jedenfalls nicht bekommen. Neuerdings tarnen sich auch viele Pubs als Restaurants, weil die Getränkeumsätze zurückgegangen sind. Die Wirte meinen nun, sie müssten modernisieren und irgendwelchen Schnickschnack wie warme Mahlzeiten anbieten. Kartoffelchips, früher das einzige Nahrungsmittel zum Bier, sind verbannt, weil sie das Niveau des Etablissements angeblich senken.

Außerdem krümeln sie, und den Bierdurst muss man mit der salzigen Ware nicht mehr anheizen. Der Ire trinkt heutzutage Wein, allerdings am liebsten zu Hause. Früher schafften 27 Iren gerade mal soviel Wein im Jahr wie ein Franzose. Inzwischen haben sie aufgeholt. Allerorten machen Weinfachgeschäfte auf, wo die Leute manchmal die Ware mit vornehm abgespreiztem kleinen Finger probieren dürfen.

Nur McGrath's im Dubliner Arbeiterviertel Cabra hat sich nicht verändert. Es ist eine Tränke, hier steht nach wie vor das Wesentliche im Mittelpunkt: soviel Bier wie möglich, bis der Zapfhahn versiegt. Weil es

Vorschrift ist, gibt es auch Toiletten. Dort ist mir der Sinn des Wortes »Notdurft« klargeworden: Man besucht den winzigen, zugigen Ort nur im äußersten Notfall. Wenn man sich ein wenig umschaut, findet man sogar ein Waschbecken, das so klein ist, dass man die Hände einzeln waschen muss. Dazu muss man sich aber erst an den Stehpinklern vorbeizwängen.

Wenn sie nicht auf dem Klo stehen und heimlich rauchen, sitzen sie am erhöhten Mitteltisch auf ihren Barhockern, weil sie es von dort nicht weit zur Theke haben. Es sind stets dieselben fünf Männer, sie starren schweigend auf den Fernseher in der Ecke. Doch wenn die Sperrstunde naht, bricht hektische Aktivität aus. Am Ende ächzt das Tischchen unter dem Gewicht von 20 großen Bieren.

Phil und Don sitzen hingegen in der Ecke neben der Tür. Phil ist immer als erster betrunken. Selbst wenn er nüchtern ist, versteht man ihn nicht, weil er nuschelt, aber nach sieben Bieren ist es völlig unmöglich. Leider unterhält er sich für sein Leben gern. Um ihn nicht zu verärgern, muss man ab und zu mit dem Kopf nicken oder »Aha« sagen.

Sein Freund Don redet auch sehr gerne. Er ist stets gut gelaunt und spricht im Gegensatz zu John sehr deutlich. Aber der Sinn seiner Worte bleibt verborgen. Als wir ihn nach seinem Beruf fragen, kichert er zu unserer Überraschung eine Weile. Dann benötigt er 45 Minuten, bis wir begreifen, dass er Elektriker ist. Das muss ein lustiger Beruf sein.

Eine halbe Stunde vor Kneipenschluss trifft George

ein. Man kann die Uhr danach stellen. Wir machen uns möglichst klein, aber er bemerkt uns doch und knallt uns ein Hegel-Zitat an den Kopf. George ist Nachtwächter. Auf der Arbeit hat er sich deutsch beigebracht, aber nicht mit irgendeinem Lehrbuch, sondern eben mit Hegel. Für jemanden, der noch nie im Ausland war, beherrscht er die Sprache ziemlich gut, wenn er auch altertümliche Wörter benutzt. Wenn man ihm eine Freude machen will, sagt man: »Ach ja, der gute alte Hegel.« Dann kommt das nächste Zitat. Das geht solange, bis man den Zapfenstreich verpasst hat, was aber nicht schlimm ist. Die Kampftrinker vom Mitteltisch haben aufgrund ihres ausgeprägten Sicherheitsbedürfnisses wie immer zuviel Bier bestellt und geben gerne ein paar ab.

Zum Dank bringe ich ihnen beim nächsten Kneipenbesuch eine Flasche italienischen Likör mit. In dessen Besitz bin ich durch merkwürdige Umstände gelangt. Fast wäre eine Ehe nach 15 Jahren an dieser Flasche gescheitert. Obwohl sie ungeöffnet war. Robert hatte mir die Flasche zum Geburtstag geschenkt. Seine Frau Joanna konnte zu der kleinen Feier nicht kommen, weil sie verreist war. Nach ihrer Rückkehr bedankte ich mich artig bei ihr für das Geschenk, das – wie ich annahm – von beiden stammte.

Joannas bohrende Fragen machten mich stutzig. Sie wollte genau wissen, um welche Flasche es sich handelte. Ich musste sowohl das Etikett beschreiben, als auch die Pappschachtel, in der das Geschenk angeliefert worden war. Danach wurde Joanna still. Ich erkundigte mich später telefonisch bei Robert. »Du hast dich für den Likör bedankt«, stöhnte er. »Na, großartig. Joanna hätte nie bemerkt, dass die Flasche fehlt. Aber du mit deiner verdammten Höflichkeit musstest dich bedanken!«

Wer hätte gedacht, dass eine Flasche süßer italienischer Fusel eine Ehekrise heraufbeschwören kann? Joannas Schwester hatte ihr die Flasche voriges Jahr aus dem Italienurlaub mitgebracht. Robert wusste das nicht und war zunächst froh, dass er das Süßgetränk an mich losgeworden war. »Wieso bringt deine Schwägerin eigentlich eine Flasche klebrigen Sirup aus Italien mit«, fragte ich, »wenn es in dem Land an jeder Ecke leckeren Grappa gibt?« Weil sie das Zeug selbst gerne trinke und offenbar erwarte, dass man es ihr bei ihrem nächsten Besuch anbiete, meinte Robert.

Ob er die Flasche eventuell zurückhaben möchte, bot ich Robert an, da ich ohnehin keinen Likör trinke. Er nahm dankbar an. Ein paar Tage später gab ich ihm die Zuckerbombe zurück, dazu eine Karte, auf der ich mich für die Leihgabe bedankte. Sie habe bei diversen Besuchern gebührenden Eindruck gemacht, schrieb ich.

Damit hätte der Fall erledigt sein können, doch Robert ritt der Teufel. Er stellte die Flasche heimlich in den Schrank zurück und wollte sie triumphierend präsentieren, wenn seine Schwägerin zu Besuch käme. Aber er hatte die Rechnung ohne Joanna gemacht. Sie entdeckte die Flasche, war aber keineswegs zufrieden, sondern schnauzte Robert an: Das sei ja wohl ein schwacher Ersatz für ihre schöne Flasche Likör, die er verschenkt habe. Nun war Robert eingeschnappt und verschwieg, dass es sich um dieselbe Flasche handelte. Aber er schilderte allen Freunden und Bekannten das Drama um die vorübergehend verschwundene und dann verkannte Flasche, die über Nacht zum berühmtesten Getränk Nord-Dublins avancierte.

Das sollte sich rächen. Kurz darauf hatte Robert Geburtstag. Jeder der geladenen Gäste brachte zur Party ein Geschenk mit: italienischen Likör. Außerdem hatte jeder Gast auf der Geburtstagskarte ausdrücklich darauf hingewiesen, dass es sich bei der Flasche lediglich um eine Leihgabe handelte. Robert versuchte, die Karten verschwinden zu lassen, doch beim Anblick der zwei Dutzend Likörflaschen wurde Joanna klar, dass Robert sie zum Gespött der halben Stadt gemacht hatte. Er hat nun vorübergehend bei uns Asyl gefunden. Joanna hatte ihm die Original-Likörflasche in seine Reisetasche gepackt, bevor sie ihn hinauswarf. Aber sie hatte zuvor den Korken entfernt.

Dabei gibt es den Likör in Dublin an jeder Ecke. Selbst der lokale Supermarkt führt ihn, und der ist stets geöffnet. Aber wer geht schon nachts um drei zum Einkaufen in den Supermarkt? In Dublin haben neuerdings verschiedene Filialen einer großen englischen Kette 24 Stunden geöffnet, auch an den Wochenenden. Da ich am Samstag ausgeschlafen habe, bin ich spät nachts noch munter und beschließe, Lebensmittel einzukaufen. Der riesige Parkplatz ist gähnend leer. Der gähnende Angestellte einer Sicherheitsfirma, der die einkaufsunfähige, weil volltrunkene Kundschaft fernhalten soll, lässt mich hinein ins nächtliche Shopping-Paradies. Die Angestellten, die Regale auffüllen, sind eindeutig in der Überzahl. Und das Alkoholregal ist pietätvoll verhängt, denn um diese Zeit sind Bier und Wein tabu.

Ob er nachts nichts Besseres vorhabe, als Kohlrabi auszupacken, frage ich einen pickligen jungen Mann, der Fred heißt, wie sein Namensschildchen am Revers verrät. Nein, antwortet Fred, was solle er denn sonst machen? Am liebsten hätte er mit der Gegenfrage geantwortet, ob ich nachts nichts Besseres vorhabe, als Kohlrabi einzukaufen. Aber er ist aus lauter Langeweile zu einem Schwätzchen aufgelegt.

Sein Vetter Tony sei nach London ausgewandert, erzählt er, und arbeite dort ebenfalls in einem Supermarkt. »Die hatten auch mal 24 Stunden sieben Tage die Woche geöffnet«, sagt Fred, »aber das ging nur sechs Wochen gut. Jetzt machen sie wieder um Mitternacht dicht.« Was ist passiert? »Nun ja«, druckst er herum, »es wurde auch anderes verkauft als Lebensmittel.« Etwa Drogen, womöglich gar Alkohol? »Nein«, sagt er, »noch verbotener: Sex.«

Nach Mitternacht seien die Damen der Nacht in den Budgens-Supermarkt in Nord-London gekommen und haben nach allein einkaufenden Herren Ausschau gehalten. »Die haben sie dann angesprochen und ein Nümmerchen im Gegenzug für die Einkäufe angeboten«, sagt Fred. Geschlechtsverkehr gegen Kohlrabi? Er wisse nicht, ob die Damen eine Einkaufsliste dabei hatten oder mit dem vorliebnahmen, was bereits im Korb war, sagt Fred.

Warentauschgeschäfte sind ein uraltes Prinzip. So schlagen die Frauen zwei Fliegen mit einer Klappe und können am nächsten Tag ausschlafen. Aber der Engländer an sich ist eigentlich ein zurückhaltendes Volk. Welcher englische Mann traut sich, mit einer Prostituierten zur Kasse zu marschieren? Manchmal haben Kunden sogar gefragt, ob sie die Toilette für die Angestellten benutzen dürfen, erzählt Fred. »Das hat der Manager natürlich abgelehnt«, sagt er, und man sieht ihm an, dass er über dieses Ansinnen empört ist.

Ich werfe in meinem Dubliner Supermarkt einen Blick den Gang hinunter: ein Mann im Anzug, der aussieht, als ob er gerade aus dem Büro kommt; ein etwas unordentlicher Anorakträger, der vermutlich aus der Kneipe kommt; und ein älterer Herr, den die Schlaflosigkeit wohl aus dem Bett getrieben hat. Keine einzige Frau im Laden. Hat ihnen die Sicherheitsfirma sicherheitshalber den Zutritt verwehrt? »Bei Budgens hatten sie auch eine Einlasskontrolle«, sagt Fred, »aber so wie die Mädels heutzutage gekleidet sind, weiß man doch gar nicht mehr Bescheid.« Nun ist mir klar, warum Fred nachts nichts Besseres zu tun hat, als Kohlrabi auszupacken.

Auch Iren irren irgendwann

Der Ire und seine sportlichen Erfolge

Deutschland war 2006 im Fußballfieber. Irland nicht. Und das wird auch so bleiben. Nach den erbärmlichen Qualifikationsspielen zur Weltmeisterschaft in Deutschland, bei der sich die Iren darauf spezialisierten, in der Nachspielzeit Tore zu kassieren, warf man den Trainer Brian Kerr hinaus. Die Nation wartete mit mäßigem Interesse auf den Nachfolger.

Es war der irische Rekordnationalspieler Steve Staunton. Er war bei seinem Amtsantritt 36 Jahre alt und hatte noch nie eine Mannschaft trainiert, nicht mal eine Schülerauswahl. Deshalb stellte man ihm Sir Robert Robson als Berater zur Seite, der große Erfahrung als Trainer hat: Er wurde von Fulham, Ipswich, Eindhoven, Porto und dem FC Barcelona entlassen, und als Trainer der englischen Nationalmannschaft haben sie ihn auch gefeuert. Zuletzt warf ihn Newcastle hinaus, weil er die Fans beschimpft hatte.

Robson ist taktisch gewieft. »Die ersten neunzig Minuten eines Spiels sind die wichtigsten«, philosophierte er einmal. Und er ist vorsichtig: »Wenn man seine Hühner zählt, bevor sie schlüpfen, werden sie keine Eier legen.« Ein Pluspunkt für den Job in Irland ist sein gefestigter Glaube: »Schaut euch diese Olivenbäume an. Sie sind 200 Jahre alt – also aus der Zeit vor Christus.« Der irische Verband schätzte Robsons prophetische Gabe. »In einem Jahr ist er ein Jahr älter«, mutmaßte er über einen Spieler. Und er weiß, wie die Brasilianer zu schlagen sind: »Es wird ein Spiel geben, in dem jemand mehr Tore schießt als Brasilien, und das könnte das Spiel sein, das die Brasilianer verlieren.« Sollte es doch schiefgehen, weiß er, woran es lag: »Wir haben den Gegner nicht unterschätzt. Er war aber viel besser, als wir dachten.«

Robson ist viel in der Welt herumgekommen. »Sarajevo ist nicht Hawaii«, stellte er einmal überrascht fest. Über seinen Beruf macht er sich keine Illusionen: »Als Maler wirst du nicht reich, bis du tot bist. Das gilt auch für Fußballtrainer. Die Leute schätzen dich erst, wenn du weg bist. Genau wie bei Picasso.« Deshalb wollte er eigentlich eine ganz andere Laufbahn einschlagen: »Ich hätte meinen rechten Arm dafür gegeben, um Pianist zu werden.«

Er ist aber Trainer in Irland geworden. Der irische Verband hatte einen Hintergedanken, als er Steve Staunton und Robert Robson einstellte: Beide Namen sind eine doppelte Alliteration. So holte man beim Weltfußballverband Fifa die Genehmigung ein, dass künftig alle Spieler, deren Namen ebenfalls doppelte Alliterationen sind, unabhängig von ihrer Nationalität für Irland spielen dürfen. Jens Jeremies aus Deutschland, Marco Materazzi aus Italien, der Grieche Kostas Konstantinidis und der Russe Sergej Semak sagten zu.

Star des Teams sollte der Franzose Zinedine Zidane werden. Als Mannschaftskapitän aber kam nur der Mann mit der perfekten Alliteration in Frage: Ibrahim

Ibrahim aus Ägypten. Nur beim Torwart wurde man nicht fündig. Den Antrag, Toni Torek zu reaktivieren, beschied die Fifa abschlägig. »Erstens heißt der Mann mit richtigem Namen Anton Turek«, schrieb der Weltverband, »und zweitens ist er seit mehr als 20 Jahren tot.«

Die Alliterationsrekrutierung nützte freilich nichts, wie das Spiel zwischen San Marino und Irland, das wir uns auf einer Großbildwand im Wirtshaus ansahen, bewies. Dass die Leinwand etwas eingerissen und deshalb stark gewellt war, gab dem Spiel eine interessante Note, weil die Spieler sich über lauter kleine Hügel zu wälzen schienen. Leider war es der einzige interessante Aspekt an dem Gekicke. Im Grunde passierte gar nichts, und als die Iren kurz nach der Halbzeitpause in Führung gingen, wurde es noch langweiliger. Der Kommentar passte sich dem Niveau des Spiels an. »Er hat sich die Trainingshose ausgezogen und läuft sich an der Seitenlinie warm«, beobachtete Brian Kerr, der nach seiner Entlassung als Hilfskommentator arbeitete. »Das könnte darauf hindeuten, dass er bald eingewechselt wird.« Man ahnt, warum Kerr gefeuert wurde. Wir gaben uns dem Alkohol hin, um das sinnfreie Treiben erträglicher zu gestalten.

Vier Minuten vor Schluss wurde es doch noch spannend. Der irische Torwart und zwei Verteidiger bestaunten den an der Strafraumgrenze am Boden liegenden Stürmer von San Marino. Der schubste den Ball ungestört mit dem Knie an, so dass er provozierend langsam, aber unerreichbar für den Hühnerhaufen, ins Tor kullerte. Die Marinesen waren über den Treffer noch fassungsloser als die Iren. Sollten sie zum ersten Mal in ihrer Geschichte einen Punkt in einem Qualifikationsspiel holen?

Der Schiedsrichter war dagegen. Die Nachspielzeit von vier Minuten war längst um, aber er ließ so lange weiterspielen, bis Mittelfeldspieler Stephen Ireland Irland erlöste. Staunton bewies in der Pressekonferenz, dass er Kerrs würdiger Nachfolger ist. »Wir wollten hier drei Punkte holen, und wir haben drei Punkte geholt«, erklärte er den verblüfften Zuhörern. Außerdem werde fortan alles gut. »Im März spielen wir normalerweise besser«, hofft er. »Und wir ziehen in den Croke Park um. Das kann ein Vorteil sein, aber auch ein Nachteil.« Das Stadion Croke Park im Norden Dublins ist das Heiligtum der traditionellen irischen Sportarten Gaelic Football und Hurling. Für Fußball, Rugby und andere barbarische englische Spiele war der Croke Park bisher gesperrt, doch weil der Verband Staatsgelder kassiert, muss er die »Garnisonssportarten« hereinlassen, solange das Rugbystadion renoviert wird. Den Umzug erlebten Staunton und Robson nicht mehr. Weil sie noch erfolgloser als ihr Vorgänger waren, warf man sie hinaus und heuerte Giovanni Trapattoni an.

Auch Joe Kinnear hatte sich für den Job beworben, wurde jedoch abgelehnt, was sich später als Glück erwies. Er heuerte statt dessen nämlich beim nordenglischen Verein Newcastle United an und eröffnete seine erste Pressekonferenz recht unglücklich. »Wer von euch ist Simon Bird vom *Daily Mirror?*«, fragte er. Als sich Bird meldete, bescheinigte ihm Kinnear: »Du bist eine Fotze.« Dann fragte er nach Niall Hickman vom *Daily Express* und bat ihn zu gehen: »Fuck off!« So ging es weiter, Kinnear benutzte innerhalb von fünf Minuten 52 Kraftausdrücke. Der Pressesprecher des Vereins rief besorgt: »Meine Herren, alles, was in diesem Raum gesagt wurde, bleibt unter uns.« Natürlich.

Kinnear hatte sich darüber geärgert, dass sich die Journalisten über ihn lustig gemacht hatten, weil er gleich nach seinem Amtsantritt den Spielern zwei Tage frei gegeben hatte. Kinnear und Newcastle United passen gut zusammen. Der eine trägt den Spitznamen »Joke«, also »Witz«, die anderen sind längst zum Gespött der Liga geworden. Sie werden von der Pleitebank Northern Rock gesponsert – das heißt von den Steuerzahlern, denn die Bank ist verstaatlicht worden.

Dennoch steht das Team im Tabellenkeller, gemeinsam mit Tottenham Hotspur, wo Heißsporn Kinnear zehn Jahre lang gespielt hat, was der Verein offenbar bis heute nicht verkraftet hat. Der 61-jährige stammt aus Dublin, spielte 26 Mal für Irland und trainierte unter anderem die nepalesische Nationalmannschaft. 2004 ging er in Rente: Er hatte einen Herzinfarkt erlitten, weil er sich immer so schnell aufregt. Man reaktivierte ihn nun, weil sich niemand anders erbarmte. Jeder Trainer, der noch alle Tassen im Schrank hat, macht einen weiten Bogen um Newcastle.

Das macht der Eigentümer des Vereins inzwischen auch. Der Londoner Sportartikelhändler Mike Ashley, der Newcastle United erst im Sommer 2007 erworben hat, traut sich nicht mehr in die Stadt. Nachdem er den Publikumsliebling Kevin Keagan als Trainer entlassen hatte, gab es Massendemonstrationen der Fans vor dem Stadion. Ashley will den Verein nun verkaufen. Ein Konsortium aus Nigeria interessiere sich für die Übernahme, verkündete er. Vermutlich hat er einen dieser Briefe bekommen, in denen angebliche nigerianische Regierungsbeamte behaupten, sie hätten 50 Millionen Dollar Ölgelder unterschlagen und suchten einen ehrlichen Menschen, um das Geld auf dessen Konto einzuzahlen.

Die Fußballweltmeisterschaft in Deutschland stieß in Irland übrigens dennoch auf Interesse, obwohl das eigene Team nicht dabei war. Wegen der Mischung aus Großbildschirmen und Alkohol zog es viele Männer in die Wirtshäuser, vor allem beim Spiel England gegen Portugal. Fußball war wieder Männersache. Damals, als die Iren zwei Mal bei Weltmeisterschaften mitspielen durften, mutierte das ganze Land zu Fußballfans. Bei der Rückkehr aus den USA, wo das Team 1994 ins Achtelfinale kam, säumten eine Million Menschen die Straße vom Dubliner Flughafen in die Innenstadt, um die Heimkehrer zu feiern.

Opportunistische Politiker – welch Tautologie! – drängelten sich in die Fotos mit den Spielern, Frauen tanzten auf den Bürgersteigen, Nonnen kletterten Laternen hoch, um einen besseren Überblick zu haben.

Diesmal konnte man sich zurücklehnen und die Sache entspannt und neutral aus der Ferne beobachten.

Aber weil England spielte, und weil man selbst nicht dabei war, wurde die Anteilnahme auf das Team von der Nachbarinsel projiziert – allerdings mit umgekehrtem Vorzeichen.

»Ich bin ganz neutral, wenn England spielt«, sagte Jim, ein Stammgast im »Brian Boru«, einem Nord-Dubliner Pub. »Mir ist es vollkommen egal, wer die Engländer schlägt.« Viele Gäste hatten sich portugiesische Trikots übergestreift. Als Beckham weinend ausgewechselt werden musste, stimmten die Trinker spontan das Lied »Sitting in an Irish bar watching England losing« an, denn es passte so schön: »Beckham is crying«, heisst es in der dritten Strophe.

Kurz darauf wurde Englands Mittelstürmer Wayne Rooney, dessen Verstand bereits bei der Geburt in den Fußballschuh gerutscht ist, vom argentinischen Schiedsrichter vom Platz gestellt. Im »Brian Boru« brach Jubel aus, als hätte der Wirt gerade Freibier ausgerufen. »Rache für die Belgrano«, rief ein Gast in Anspielung auf den Falklandkrieg, bei dem ein britischer Torpedo 1982 das argentinische Schiff »General Belgrano« versenkt und 323 Mann getötet hatte.

Nach Spielende wurde auf den portugiesischen Torwart getrunken, der beim Elfmeterschießen den Sieg – genauer: die englische Niederlage – gesichert hatte.

Obwohl jeder irische Junge und jeder irische Mann, der sich für Fußball interessiert, von klein auf eine Lieblingsmannschaft in der englischen Premier League hat und ihr jedes Wochenende die Daumen drückt, genießt die englische Nationalmannschaft nicht die geringsten Sympathien. Warum das so sei, wurde der irische Schauspieler Ardal O'Hanlon, der in der Fernsehserie »Father Ted« den schlichten Pfarrer Dougal spielt, in einer BBC-Talkshow gefragt. »Vielleicht liegt es daran, dass wir 800 Jahre von England unterdrückt wurden«, vermutete O'Hanlon und erntete eisiges Schweigen vom englischen Publikum.

Bei Olympischen Spielen sind die Iren ähnlich erfolglos wie im Fußball. Die Spiele 2008 endeten wie so oft mit roten Köpfen. Diesmal blamierte sie ein Reiter – beziehungsweise sein Pferd: Lantinus war vor dem Springreiten mit Capsaicin eingerieben worden. Das ist ein Chili-Derivat. Der Reiter Denis Lynch wollte dem Gaul offenbar Feuer unterm Hintern machen. Capsaicin macht schmerzempfindlich, so dass die Pferde ihre Beine an den Hindernissen unter die Arme klemmen.

»Ich bin erschüttert«, jammerte Lynch. »Jawohl. Erschüttert.« Er habe das Mittel seit Jahren bei seinen Pferden eingesetzt, erklärte er. »Es war immer sehr effektiv.« Deshalb ist es ja auch verboten, und zwar schon lange. Aber man hat erst vor kurzem Techniken entwickelt, um es nachzuweisen. Das war Lynch entgangen. Lantinus stand in der Weltrangliste auf Platz eins. Jetzt ist sein Ruf ruiniert, so dass er wohl in die Wurstfabrik muss, wo eigentlich Lynch hingehört.

Zwar sind auch Pferde aus Deutschland, Norwegen und Brasilien wegen Capsaicin disqualifiziert worden, aber für die Iren ist es ein Déjà-vu-Erlebnis. Vier Jahre zuvor musste Cian O'Connor seine Goldmedaille zurückgeben, die er beim Springreiten in Athen gewonnen hatte. Sein Pferd Waterford Crystal war mit Beruhigungsmitteln vollgepumpt. Der Fall geriet zur Farce, weil die B-Probe aus einem Labor in Oxford gestohlen wurde. Gewöhnliche Diebe kamen dafür kaum in Frage, denn auf dem Schwarzmarkt bringt abgestandene Pferdepisse nicht viel.

Auch acht Jahre vorher war der nationale Goldtaumel in Entsetzen umgeschlagen. Damals hatte die Schwimmerin Michelle Smith drei Goldmedaillen gewonnen. Die Konkurrenz wunderte sich, denn bis dahin galt es für den Goldfisch schon als Erfolg, bei Wettkämpfen nicht zu ertrinken. Nun schwamm sie stark behaart mit Schwarzenegger-Schultern zum Erfolg. Dopingtests wich sie monatelang aus, bis die Prüfer schließlich ihr Haus belagerten. Die Urinprobe war eher eine Whiskeyprobe. Der Internationale Schwimmverband hielt die Erklärung, dass Smith nun mal Irin sei, für unglaubwürdig: Soviel Whiskey im Urin hätte nicht mal Lantinus überlebt.

Wenigstens kehrten die irischen Boxer mit drei Medaillen aus Beijing zurück. Das Fliegengewicht Paddy Barnes aus Belfast war nach seiner Niederlage im Halbfinale gegen den Chinesen Zou Shiming allerdings schlecht gelaunt. Er hatte keinen einzigen Schlag anbringen können und verlor 15:0, fühlte sich aber betrogen. »Ich habe ihn oft getroffen«, lamentierte er in einem Interview mit der BBC. »Und dann musste ich mich auch noch einem Dopingtest unterziehen. Die Punktrichter sollten auf Doping untersucht werden. Die können sich die Bronzemedaille an den Hut stecken. Was ist schon eine Bronzemedaille? Sie ist für Verlierer.«

Es war nicht Barnes' kleiner Wutanfall, der die Hörer in Aufruhr versetzte, sondern die Tatsache, dass er überhaupt zu Wort gekommen war. Mehrere protestantisch-unionistische Anrufer wollten wissen, warum ein nordirischer Boxer, der für die ausländische Republik Irland antritt, in einem britischen Radiosender Gehör findet? Man sollte ihnen Michelle Smiths Urinprobe oral verabreichen. Das beruhigt die Nerven.

Erfolgreicher als bei Olympia sind die Iren im Rugby. Es gibt nicht viele Sportarten, in denen sie gegen den Erzrivalen England die Oberhand behalten – noch dazu mit dem Rekordergebnis von 43 zu 13. Das Stadion Croke Park war mit 80.000 Zuschauern ausverkauft, im Fernsehen verfolgten 1,2 Millionen Menschen das Spiel. Gibt es tatsächlich so viele Rugbyfans auf der Grünen Insel? Mitnichten. Doch im Vorfeld des Spiels hatte es jede Menge Aufregung gegeben. Weil das Rugbystadion, wie erwähnt, renoviert wurde, sollte nun im Heiligtum der gälischen Sportarten die englische Nationalhymne erklingen.

Vor dem Stadion gab es deshalb eine Protestveranstaltung. Einer der Demonstranten hielt ein riesiges Plakat hoch, auf dem stand: »Keine ausländischen Sportarten!« Der junge Mann trug einen Trainingsanzug des schottischen Fußballvereins Celtic Glasgow, wodurch sein Protest erheblich an Überzeugungskraft einbüßte.

Im Stadion verlief alles ohne Zwischenfälle. Bei der englischen Nationalhymne wurde es im Stadion so still, dass die Engländer mit einer irischen List rechneten: Handelte es sich bei der Meldung des irischen Staatsfunks RTE etwa doch nicht um eine Ente? Der Sender hatte verkündet, dass sich die britische und irische Regierung auf eine Geste der Versöhnung geeinigt hätten: Nach den Nationalhymnen sollten 13 Engländer erschossen werden – als Ausgleich für die leidige Sache von 1920, als englische Söldner den Croke Park stürmten und aus Rache für eine Serie von IRA-Anschlägen zwölf Zuschauer und den Kapitän des Tipperary-Teams erschossen.

»Offen gesagt ist das ein kleiner Preis für die Verbesserung der anglo-irischen Beziehungen«, zitierte RTE den damaligen britischen Premierminister Tony Blair. Aber er lehnte es ab, das Erschießungskommando von Ray Houghton kommandieren zu lassen. »Das wäre zuviel für englische Fans, hat doch Houghton 1988 den Siegtreffer gegen uns beim Fußballspiel im Stuttgarter Neckarstadion erzielt.«

Einigkeit herrschte laut RTE dagegen, dass der weinerliche Sänger James Blunt und der ManU-Verteidiger Rio Ferdinand erschossen werden müssen. Auch Bono, der Sänger der grausigen Rock-Kapelle U2, gehöre auf die Liste, fanden beide Regierungen. Lediglich über seine Nationalität gab es Streit. Die Engländer behaupteten, dass er Ire sei, weil er in Dublin geboren ist, während die Iren entgegneten, er sei Engländer, seit ihn die englische Königin geadelt habe. Man verständigte sich schließlich darauf, ihn ungeachtet seiner Nationalität zu erschießen.

Vermutlich wünschte sich Brian Ashton, der Trainer des englischen Teams, nach dem Spiel, dass die RTE-Meldung keine Ente gewesen wäre und man ihm den Gnadenschuss verpasst hätte. Er hatte die höchste Niederlage in der 124-jährigen englischen Rugby-Geschichte kassiert. Allerdings war er auch am höchsten Sieg aller Zeiten beteiligt, als England zehn Jahre zuvor gegen Irland haushoch gewann. Leider war Ashton damals ebenfalls auf der falschen Seite. Er war Trainer der irischen Mannschaft.

Neben Rugby steht auch Golf hoch im Kurs, seit die Iren den Ryder Cup 2006 austragen durften. Für Nicht-Golf-Fans war es allerdings ein Albtraum. Wer Dublin zu Beginn des Turniers nicht verlassen hatte, war dem Ryder-Cup-Tamtam gnadenlos ausgeliefert. Dieses Golfturnier, bei dem alle zwei Jahre zwölf US-amerikanische Millionäre und zwölf europäische Millionäre kleine Bälle über eine Wiese dreschen, fand im K-Club im Dubliner Vorort Straffan statt.

Die Organisatoren dieser unendlich langweiligen Geschichte hatten jeglichen Bezug zur Realität verloren. »Die Welt wird zuschauen«, hieß es in der Werbung. »Eine halbe Milliarde Menschen werden den Atem anhalten. Das ist der Ryder Cup. Ein episches Ereignis. Viel mehr als eine Runde Golf.« Eine Runde Größenwahn vielleicht? Zwei Jahre zuvor schaffte es der Ryder Cup nicht mal unter die 15 Sportereignisse mit den höchsten Einschaltquoten.

Aber er ist als Mega-Blähung in die Geschichte eingegangen. Für das Ereignis wurden sämtliche Straßen innerhalb der »Sicherheitszone« gesperrt. Es ging zu wie bei einem G8-Gipfel. Wer in der acht Kilometer breiten Zone wohnte, musste sich von den Sicherheitskräften als unbedenklich einstufen und mit einem Pass versehen lassen. Wer närrisch genug war, sich in dieser Woche Besuch nach Hause einzuladen, musste die Nummer des Reisepasses, das Geburtsdatum und die Autonummer sämtlicher Gäste rechtzeitig vor der Vorspeise einreichen.

Als wenn das schon nicht bitter genug war, hatten die geldgierigen Rydercupsäcke den Anwohnern Tickets zum Sonderpreis angeboten: 345 Euro pro Person und Tag, aber auch dafür musste man alle persönlichen Daten herausrücken, damit man das Ticket nicht weiterverkaufen konnte. Außerdem galt »englisches Recht«, hieß es in dem Sonderangebot: Falls die Golfpartien verschoben werden müssten, verliere das Ticket ersatzlos seine Gültigkeit.

Wer nicht blöd war, flog in die Karibik und vermietete sein Haus an die golfköpfige Bagage aus Übersee. Die billigste Hütte in der weiteren Umgebung des K-Clubs kostete 6.640 Euro Miete. Pro Woche. Für einen luxuriöseren Fünf-Zimmer-Bungalow einen knappen Kilometer vom K-Club entfernt musste man 68.350 Euro hinblättern. Restaurants, Autovermietungen und Golfclubs hatten die Preise für diese Woche drastisch erhöht. Die Trophäe für die schamloseste Räuberei gebührt dem Dubliner Portmarnock-Golfclub, bei dem Frauen nicht Mitglied werden dürfen. Für eine Runde Golf, ein Lunchpaket und die Fernsehübertragung vom Ryder Cup kassierte der Club 750 Euro.

Das ist freilich geschenkt im Vergleich zu den 16 Millionen Euro, die der Staat für die Erneuerung der Straßen rund um Straffan ausgegeben hatte, damit die Gäste federweich zum transatlantischen Golfen gelangten. Wer kam aber schon auf dem Landweg zum Turnier? Der K-Club verzeichnete 600 Hubschrauberlandungen pro Tag. Der zwölfminütige Flug von der Dubliner Innenstadt kostete 900 Euro. Ansonsten galt jedoch striktes Flugverbot für den Luftraum über dem K-Club, damit sich kein Selbstmordattentäter mit einem Flugzeug ins 18. Loch bohren konnte. Wäre ja auch schade um den schönen Rasen.

Ich habe inzwischen auch das Alter erreicht, in dem man anfangen könnte, Golf zu spielen. Ich mag eigentlich keine Sportarten, bei denen man das Ziel nicht erkennen kann. Beim Fußball stehen Tore, beim Basketball hängen Körbe, und beim 100-Meter-Lauf sieht man am Start die Ziellinie. Beim Golf aber kann man am Abschlag das Loch nur vermuten, es liegt irgendwo hinter den sieben Bergen bei den sieben Zwergen.

Zum Glück gibt es die Anfängerversion, um die echte Golfer einen großen Bogen machen. Sie hat auch 18 Löcher, aber die sind nur 50 bis 70 Meter vom Abschlag entfernt. Das Spiel heißt »Pitch and Putt« – auf deutsch: »Abschlagen und Einlochen«. Wenn es denn so einfach wäre. Zwischen beiden Ereignissen liegen jede Menge peinlicher Schläge auf unwegsamem Gelände.

Witzbildchenzeichner TOM, mit Freundin Annette und Kollegen Wolfgang auf Irlandreise, verschaffte sich einen unfairen Vorteil: Er hatte mir am Abend zuvor Himbeerbrand eingeflößt. Sein Plan ging zunächst auf. Der Platz im westirischen Doolin ist wunderschön gelegen – direkt am Meer mit Blick auf die Klippen von Moher. Ich dagegen konnte kaum den Ball erkennen. Er erinnerte mich an eine Himbeere.

Bei jedem meiner Schläge flog zur Belustigung meiner Konkurrenten ein Stück Rasen in die Luft. Ich spiele eben einen US-amerikanischen Stil, behauptete ich. Dabei, so hatte ich gelesen, hauen die Spieler unter den Ball, um eine höhere Flugbahn zu erzielen. Tiger Woods hat diesen Stil perfektioniert. Ich war noch nicht ganz so weit. Aber bei uns beiden musste jedes Mal etwas Rasen dran glauben. Woods' Ball landete jedoch fast immer auf dem Green, während meiner bisweilen im Wassergraben ertrank oder unauffindbar verschwand. Einmal, bei Loch 8, schaffte ich es mit einem Schlag auf das Green – allerdings auf das von Loch 7.

Die US-amerikanische Spielweise, die sich immer mehr durchsetzt, ist ein großes Problem für den Platz im schottischen St. Andrews, wo Golf erfunden wurde. »Ein Golfer haut pro Runde durchschnittlich 30 Kuhlen in den Rasen«, sagte Gordon Moir, der Oberplatzwart. »Bei 200 Runden am Tag kommt eine erschreckende Zahl von Kuhlen zustande. Wenn es die Golfspieler nicht gäbe, hätten wir den perfekten Golfplatz.«

Die Kuhlen auf dem Pitch-and-Putt-Platz in Doolin waren mein geringstes Problem. Den Tiefpunkt erreichte ich beim neunten Loch. Der Ball landete in einem riesigen Kuhfladen. So etwas findet man in St. Andrews bestimmt nicht. Beim Versuch, den Ball herauszulöffeln, schlug ich zu fest zu, so dass ich plötzlich Sommersprossen hatte, was TOM fotografisch festhielt. Doch dann begannen die Anti-Kater-Tabletten zu wirken.

Die zweite Hälfte der Golfrunde verlief tadellos, so dass ich am Ende gemeinsam mit TOM auf den zweiten Platz kam. Wolfgang war allerdings uneinholbar enteilt. Er spielte ein Familienduell gegen seinen Bruder, der auf dem selben Platz drei Wochen zuvor 89 Schläge benötigt hatte. Wolfgang schaffte es nach großem Nervenkitzel in 88 Schlägen und schickte seinem Bruder noch auf dem Green eine Textnachricht. Die Antwort kam prompt: »Ich hatte nur 87 Schläge gebraucht.« Abends flößten wir Wolfgang den Rest des Himbeerbrandes ein.

Der Präsident der Stubenfliegen

Der Ire und seine Politiker

Wenn man es nicht besser wüsste, könnte man glauben, er sei gestorben. Aber der irische Premierminister Bertie Ahern lebt. Er ist im Mai 2008 lediglich zurückgetreten – die erste anständige Geste seit Jahren. Er ging nicht freiwillig: Weil er dem Tribunal, das seine merkwürdigen Finanztransaktionen in einer Gesamthöhe von fast einer halben Million Pfund untersucht, täglich neue Märchen auftischte, war seine Glaubwürdigkeit ins Bodenlose gesunken. Und seine Genossen von Fianna Fáil, den »Soldaten des Schicksals«, haben schon immer diejenigen eiskalt abgesägt, die der Partei schaden könnten.

Doch sind sie den Schädling erst mal los, überschütten sie ihn mit Lob, so dass man sich am Ende fragt, warum ein solch integrer, fähiger und allseits beliebter Politiker seinen Hut nehmen musste. Offenbar setzen die Parteikollegen darauf, dass man aus dem Sturz des Parteichefs Kapital schlagen kann, wenn man ihm flugs einen Heiligenschein verpasst. Manche schießen dabei allerdings über das Ziel hinaus. Die ehemalige Kabinettsministerin Mary O'Rourke zum Beispiel hofft offenbar, dass das Gedächtnis der Wähler so kurz wie das einer Stubenfliege ist. Sie schlug keine 24 Stunden nach Aherns Abschuss vor, ihn zum Präsidenten Irlands zu machen.

Aber auch Aherns politische Gegner finden ihn plötzlich toll. Labour-Chef Eamon Gilmore, der seit Monaten Aherns Rücktritt gefordert hatte, bescheinigte ihm nun, dass er »Bemerkenswertes in seiner Amtszeit erreicht« habe. Natürlich kamen auch aus den USA Lobhudeleien – allen voran von Hilary Clinton, die »als First Lady viel mit ihm zu tun« hatte. Aus Nordirland meldete sich Ian Paisley von der reaktionären Democratic Unionist Party. Er weiß, wie es ist, hinausgeworfen zu werden, denn er musste auf Drängen seiner Parteikollegen fast zeitgleich mit Ahern den Hut nehmen. Er bescheinigte Ahern »Reife und Verantwortungsbewusstsein«. Ian Paisley Junior assistierte dem Alten kryptisch: »Während andere von sich behaupteten, Brückenbauer zu sein, hat er echte Beziehungen gebaut.« Der Junior muss an seinen Metaphern arbeiten.

Eoghan Harris muss an ganz anderen Dingen arbeiten. Früher hat man den Journalisten und Politiker, dessen Schleimspur sich vom Stalinismus bis zum Unionismus quer durch die ideologische Landschaft zieht, ab und zu ernst genommen, doch heutzutage taugen seine Fernsehauftritte nur noch zur Belustigung. Nachdem Ahern ihn zum Senator ernannt hatte, war Harris ihm aus lauter Dankbarkeit wie ein deutscher Schäferhund treu ergeben. Der Premierminister sei ein Ehrenmann, der von den Medien zur Strecke gebracht worden sei, trompetete Harris und setzte noch einen drauf: Mit den Journalisten sei es wie mit den Nazis, die den jüdischen Ghettos das Wasser abdrehten und dann der

Weltöffentlichkeit die ungewaschenen Juden präsentierten. Harris ist auch ein Brauner. Bei ihm kommt es allerdings vom hemmungslosen Arschkriechen.

Aherns Nachfolger Brian Cowen, bis dahin Finanzminister, war kaum im Amt, da benahm er sich auch schon daneben. Cowen ist ein Landei mit schlechten Manieren. Deshalb habe er auch so wulstige Lippen, mutmaßte Paisley: Cowens Mutter habe sie ihm regelmäßig aus Strafe für seine Ungezogenheit am Fußboden festgeklebt.

Dann musste sie den Sekundenkleber wohl wieder aus dem Schrank holen, nachdem Cowen im Parlament seiner Stellvertreterin Mary Coughlan zugeraunzt hatte, sie solle sich »all those fuckers« schnappen. Er hatte nicht damit gerechnet, dass der Sitzungssaal mit hochwertigen Mikrofonen ausgestattet ist. So musste er sich noch am selben Abend entschuldigen. Er habe niemanden beleidigen wollen. Hatte er den Begriff etwa als Kosewort gebraucht?

Und wen hat er damit gemeint? Niemanden von der Opposition, versicherte er, und schon gar nicht Oppositionsführer Enda Kenny, mit dem er sich kurz vor seiner Bemerkung ein wütendes Wortgefecht geliefert hatte. Das böse Wort sei lediglich bei einem beiläufigen Gespräch zwischen Arbeitskollegen gefallen, behauptete er. Es habe sich auf Behörden, Regierungsministerien, Ölmultis, Supermärkte, den Verbraucherverband und die nichtstaatlichen Agenturen bezogen, die ihm erklären sollten, warum in Irland alles so teuer sei. Respekt! Mit einem einzigen Satz fast die gesamte Nation – außer der Opposition – zu beleidigen, schafft nur Cowen.

Die Opposition glaubte ihm kein Wort, hatte Cowen doch kurz zuvor ihrem Gesundheitsexperten James Reilly während eines Streits um die Finanzierung von Pflegeplätzen angedroht, dass er seinen Abgeordneten befehlen werde, jedes Mal zu kreischen und zu brüllen, wenn Reilly das Wort ergreife. Enda Kenny bemerkte indigniert, das sei ein unwürdiges Verhalten für einen irischen Regierungschef.

Aber Cowen trägt nicht umsonst den Spitznamen »Biffo«. Das ist die Abkürzung für »Big Ignorant Fucker From Offaly«. In der mittelirischen Grafschaft Offaly kam Cowen 1960 auf die Welt, und dort trinkt er in der Kneipe seines Bruders in jeder freien Minute Bier. Ein anderes Hobby hat er inzwischen aufgegeben. In einem Interview sagte Cowen, dass zu seinen Studienzeiten auf Partys öfter mal ein Joint gekreist sei. »Im Gegensatz zu Bill Clinton habe ich inhaliert«, gab er zu.

Cowen ist außerdem Musikexperte. 2003 war er mit einem Lied auf einer CD vertreten, deren Erlös einer Wohltätigkeitsorganisation zugute kam. Vor diesem Hintergrund wird klar, wen er mit »those fuckers« gemeint hatte. Wie bereits erwähnt, war am Vortag Dustin, der irische Truthahn, beim Eurovision Song Contest im Halbfinale ausgeschieden, weil das Tier von den anderen 19 europäischen Teilnehmerländern keine einzige Stimme bekommen hatte. Und die meinte Cowen mit seiner Beschimpfung. Als Irland am 12.

Juni 2008 in einem Referendum über den EU-Reformvertrag von Lissabon entscheiden musste, stimmte Cowen wie die Mehrheit der Wähler vermutlich dagegen – aus Rache für Dustin.

Als Zugabe haute er dann weite Teile der Bevölkerung in die Pfanne. Sein erster Haushaltsplan als Premierminister sah vor allem die Schröpfung der sozial Schwachen vor. Einkommenssteuer und Mehrwertsteuer wurden erhöht, die freie medizinische Versorgung für Menschen ab 70 gestrichen. Das war besonders fatal, weil diese Leute, als sie 70 wurden, aus der Krankenkasse ausgetreten waren und nun nicht mehr aufgenommen wurden. Nach heftigen Rentnerprotesten musste Cowen diesen Teil seines Misswirtschaftsplans zurücknehmen.

Finanzminister Brian Lenihan tönte in seiner Haushaltsrede von »Bildung, Bildung, Bildung« und vergrößerte kurzerhand die Klassen. Damit die Jugendlichen aber ihren Kummer weiterhin in Alkohol ertränken können, wurde lediglich die Weinsteuer – ohnehin bereits die höchste in der EU – um 25 Prozent angehoben, die Alcopops blieben unangetastet. Benzin wurde ebenfalls teurer, eine Schachtel Zigaretten kostet jetzt über acht Euro.

Weil die Erhöhungen ab Mitternacht galten, bildeten sich nach Verkündung des Budgets umgehend lange Schlangen vor den Tankstellen und Weinläden nach der Devise: ein letztes Mal billig tanken und den Weinkeller zum alten Steuersatz auffüllen. Und mit dem Rauchen aufhören.

Lenihan gehört wie Ahern und Cowen der irischen Politmafia Fianna Fáil an. Sein einfältiger Bruder Conor, Staatssekretär für Entwicklungshilfe und Menschenrechte, bezeichnete die türkischen Arbeiter bei der irischen Baufirma als »Kebabs«, weil sie sich gegen die miserablen Arbeitsbedingungen aufgelehnt hatten. Die Tante der Lenihan-Brüder war lange Zeit Ministerin, der Opa Abgeordneter, und der Vater, Brian Senior, sollte 1990 irischer Präsident werden, verstrickte sich jedoch in ein Netz von Lügen, so dass Mary Robinson überraschend gewann. Deren Nachfolgerin Mary McAleese gab sich nach Verkündung des Budgets bescheiden: Wenn das Volk darbt, wolle sie auch den Gürtel enger schnallen, sagte sie und verzichtete freiwillig auf zehn Prozent ihres Gehalts. Nun muss sie mit knapp 300.000 Euro im Jahr auskommen.

Der Finanzminister hingegen stellte sich dem Volk – das heißt, er saß in einem Radiostudio, und die Hörer durften ihn anrufen und beschimpfen. »Ich hätte nicht erwartet, dass die Menschen so viel Verständnis haben«, sagte Lenihan danach überrascht. Hatte man ihm statt der Anrufe das Sandmännchen in die Kopfhörer geschaltet?

Im Gegenzug zeigte Lenihan viel Verständnis für die irischen Banken. »Ich finde, unsere Banken haben sich in Anbetracht der Unsicherheit in der Weltwirtschaft gut geschlagen«, sagte er. Oha. Irlands Banken, die ihr Geld wie in einem gigantischen Casino verzockt haben, sind Opfer ausländischer Machenschaften. Und die Regierung ebenso. Lenihan redete, als ob das Kabinett gestern erst vom Mars auf der Grünen Insel gelandet und völlig unerwartet in eine Krise geraten sei. »Wir können uns die Schuld geben«, heuchelte er, »oder wir können mit positiver Einstellung der Welt entgegentreten und Maßnahmen ergreifen, die unserer eigenen Entwicklung angepasst sind.« Diese Entscheidung war schnell getroffen. Das Volk wird's schon richten.

Die irische Wirtschaft ist innerhalb weniger Monate von einer der stärksten der Welt zur zweitschwächsten in der EU geworden. Die Arbeitslosigkeit wird bis 2010 von 4,6 Prozent auf 10,7 Prozent steigen, die Wirtschaft weiter schrumpfen. »Die Iren haben die Welt verändert«, schrieb der Wirtschaftsjournalist Tobias Bayer. »Seit dem Dichter Oscar Wilde dürfen auch Grabsteine mit rotem Lippenstift bedacht werden. Seit Ryanair besteht die durchschnittliche Flugreise aus mindestens drei Stunden Busfahrt. Und was über Jahre als Wirtschaftswunderland gepriesen wurde, belastet inzwischen nicht nur den deutschen Steuerzahler, sondern auch die europäische Gemeinschaft.«

Gerade Deutschland konnte sich vor irischen Aufmerksamkeiten kaum retten, sagte Bayer: »Sachsen LB? Kollabiert dank der irischen Zweckgesellschaft Ormond Quay. Hypo Real Estate? Benötigt ein Rettungspaket von 50 Milliarden Euro wegen des irischen Staatsfinanzierers Depfa. Angela Merkel? Die Bundeskanzlerin spricht eine 568-Milliarden-Euro-Garantie für alle Konten aus, weil Irland vorangeprescht ist.« Das Modell Irland wankt erheblich.

Die Rezession mache Steuererhöhungen und Ausgabenkürzungen unumgänglich, behauptet die irische Regierung. Deshalb soll das Volk nun den Gürtel enger schnallen, empfehlen die Politiker, allen voran Gesundheitsministerin Mary Harney. Ausgerechnet Harney, die ihren Gürtel im Monatsrhythmus weiter schnallt. Ihr immenses Körpergewicht wäre ihre Privatsache, wenn sie nicht ständig die Fettleibigkeit ihrer Landsleute monieren würde. Die irischen Essgewohnheiten seien eher »mit Boston denn mit Berlin« vergleichbar, hat sie gesagt.

Bei ihr ist es Florida. Dublins Politiker sind für ihren Erfindungsreichtum berühmt, wenn es darum geht, sich neue Ausschüsse und Behörden auszudenken und der Nation vorzugaukeln, dass alles zu ihrem Wohl geschehe. Fast jeder Abgeordnete der Regierungspartei hat ein zusätzliches wohldotiertes Pöstchen. »Foras Áiseanna Saothair« (Fás) – zu Deutsch: Behörde für Ausbildung und Beschäftigung – ist solch ein Beispiel. Sie ist vor rund zehn Jahren gegründet worden, um die »Vermittelbarkeit, Fähigkeiten und Mobilität der Arbeitssuchenden zu erhöhen«.

Dafür hat sie einen Etat von einer Milliarde Euro im Jahr. Mit solch einem Sümmchen kann man einiges anfangen, wenn man es nicht an die Arbeitslosen verschwendet, fanden einige Politiker. Fünf Kabinettsmitglieder sind nacheinander nach Cape Canaveral in Florida geflogen, um bei einem wissenschaftlichen Projekt, das man mitfinanziert, nach dem Rechten zu sehen.

Harney war gleich zweimal dort. Bei der zweiten Reise nahm sie ihren Mann, ihre Privatsekretäre und ein paar weitere Gäste mit. Natürlich hatte Fás erster Klasse gebucht, die Tickets für die acht Passagiere kamen auf 32.000 Euro. Schließlich nahm man aber lieber das Regierungsflugzeug, das 7.000 Euro pro Stunde kostet. Auf die Idee, die teuren Tickets zu stornieren, kam niemand. Es waren ja bloß Steuergelder. Und wenn man schon mal im Ausland ist, will man auch gut aussehen: Harneys Friseurrechnung in Florida belief sich auf 410 Dollar, die von Fás übernommen wurden.

Offenbar handelt es sich bei der Behörde um einen Selbstbedienungsladen für Regierungsmitglieder und ihre Freunde. Das ist auch dem parlamentarischen Finanzausschuss aufgefallen, der eine Untersuchung eingeleitet hat. Daraufhin trat Fás-Generaldirektor Rody Molloy geschwind zurück. Das ist praktisch: So muss er sich nicht vor dem Ausschuss verantworten. Ein anderer Direktor, Greg Craig, ist suspendiert worden. Auch das ist günstig, ist er doch seit Juni 2008, als seine schmuddeligen Finanzen ruchbar wurden, krankgeschrieben. Nach sechs Monaten Krankheit wäre sein Gehalt gekürzt worden. Dank der Suspendierung erhält er seine vollen Bezüge bis zur Klärung der Affäre, und das kann Jahre dauern. Den Fás-Angestellten geht es weniger gut. 52 von ihnen wurden ohne Abfindung entlassen, obwohl ihre Verträge zum Teil noch bis 2011 laufen.

Harney hingegen klebt an ihrem Sessel, Rücktrittsforderungen hat sie zurückgewiesen. Aber sie steht ohne Partei da. Die »Progressiven Demokraten«, der Juniorpartner in der Koalitionsregierung, haben im Herbst 2008 wegen der Erfolglosigkeit an der Wahlurne beschlossen, die putzige Partei aufzulösen.

Ach ja: Eine Steuerermäßigung gab es auch. Wer künftig zur Arbeit radelt, kann tausend Euro im Jahr absetzen. Das war eine Konzession an den Koalitionspartner, die Grünen, die als Treppenwitz in die irische Geschichte eingehen werden. Sie haben ein Glaubwürdigkeitsproblem, seit sie nach den Wahlen im Mai 2007 eine Koalitionsregierung mit Fianna Fáil eingegangen sind. Bei den Koalitionsverhandlungen waren sie jedoch in einer schwachen Position, weil ihre sechs Abgeordneten für eine Parlamentsmehrheit eigentlich nicht gebraucht wurden.

Dass Fianna Fáil die Grünen dennoch in die Regierung aufnahm, war ein kluger Schachzug, denn Bertie Ahern schanzte ihnen die beiden Ministerien zu, in denen Ärger vorprogrammiert ist: Umwelt und Energie. In John Gormleys Bereich fällt die Entscheidung über eine Autobahn am Rande des historischen Hügels von Tara, früher Sitz der irischen Hochkönige. Energieminister Eamon Ryan ist für Shells umstrittene Hochdruck-Gasleitung von einem Naturgasfeld im Atlantik zu einer Raffinerie an Land zuständig.

Die Grünen waren mit drei Forderungen in die Koalitionsverhandlungen gegangen: Die US-amerikanischen Kampfflugzeuge sollten nicht mehr im westirischen Shannon auf dem Weg in den Irak zwischenlanden dürfen; die Autobahn bei Tara sollte nicht gebaut werden; und Parteien und Politiker sollten sich nicht mehr von Unternehmen finanzieren lassen. Das Ergebnis der Verhandlungen: Die US-Flugzeuge dürfen weiter in Shannon landen, die Autobahn durch Tara wird gebaut, und bei der Parteienfinanzierung bleibt alles beim alten.

Der damalige Vorsitzende der Grünen, Trevor Sargent, bezeichnete den Koalitionsvertrag dennoch als »stolzesten Tag in meinem Leben«, trat aber aus kosmetischen Gründen zurück, denn in ihrem Wahlprogramm hatten die Grünen eine Koalition mit Fianna Fáil noch strikt abgelehnt. Nun ist Sargent Staatssekretär in der Regierung.

Die Grünen versuchen hilflos, mit Initiativen wie dem Kampf gegen herkömmliche Glühlampen etwas Glaubwürdigkeit zurückzugewinnen. Aber selbst umweltbewusste Menschen lehnen ein Verbot ab, da die Energiesparlampen längst nicht ausgereift sind. Außerdem hat Irland ganz andere Probleme mit Leuchtmitteln: In einem Krankenhaus in Kerry im Südwesten Irlands mussten Operationen verschoben werden, weil sich die Belegschaft nicht einigen konnte, wer für das Auswechseln der Glühlampen zuständig ist.

Apropos Shannon: Zwar landen die US-Kampfflugzeuge dort nach wie vor, aber nicht mehr die Flugzeuge der irischen Linie Aer Lingus – jedenfalls nicht aus London. Die Fluggesellschaft hat die Route gestrichen und fliegt statt dessen von Belfast nach London-Heathrow. Das Geschrei in der Shannon-Region war groß, weil der Direktflug nach London wegen der engen Wirtschaftsbeziehungen zu England für viele Unternehmen wichtig ist. Aer Lingus lenkte schließlich ein und bedient die Route nun mit ein paar Alibiflügen pro Woche. Warum eigentlich? Gerade in der Shannon-Region haben sie mit großer Mehrheit die Parteien gewählt, die für die Privatisierung von Aer Lingus waren. Nun wundern sie sich, dass sich das Unternehmen wie eine private Fluglinie benimmt und auf Profitmaximierung erpicht ist.

Zuständig für den Flughafen Shannon ist Verteidigungsminister Willie O'Dea. Er ist genauso klein wie seine Armee: Er misst 1,65 Meter. Der Möchtegern-Rambo lässt sich am liebsten mit einer Pistole im Anschlag fotografieren. Neulich trank er in South's Pub in Limerick, der größten Stadt in der Nähe des Flughafens, ein Bier, als ihn jemand ansprach: »Hey, was ist denn nun mit der London-Strecke?« Es war John Fahey, der Geschäftsführer einer Promotionsfirma für den Flughafen. Dessen Begleiterin Geraldine Morrissey, die Sprecherin für die Aer-Lingus-Angestellten in Shannon, fragte, warum O'Dea nicht im Parlament mitgestimmt habe, als es um die Privatisierung des Flughafens ging? Schließlich sei er doch der Verteidigungsminister. Fahey meinte hämisch: »Die Interessen Shannons hat er schlecht verteidigt.«

Da platzte dem Miniminister der Kragen. Er brüllte: »Du bist ein Riesenarschloch!« Dann forderte er Fahey auf, mit ihm vor die Tür zu gehen, weil er ihn gerne verhauen würde. Fahey antwortete, dass er der Aufforderung freudig nachkommen würde, wenn O'Dea nur etwas größer wäre. Fahey war früher Rugbyspieler, er ist 1,93 Meter groß.

O'Dea bestreitet den Vorfall. Mit seiner Glaubwürdigkeit ist es jedoch nicht weit her, seit er vor einiger Zeit zugegeben hat, als Student einmal einen Joint geraucht zu haben. Dafür wurde er von seinen Parteigenossen heftig kritisiert. In einer beliebten Talkshow machte er geschwind einen Rückzieher. Er sei in den sechziger Jahren auf einer Party gewesen, als ihm ein Kommilitone eine Zigarette reichte. Willie zog daran, aber sie schmeckte komisch. Er nahm an, dass es Cannabis war.

35 Jahre später, kurz nach dem Interview mit seinem Drogengeständnis, traf er just diesen Kommilitonen zufällig wieder. Der erklärte ihm, dass es sich damals tatsächlich um eine Zigarette gehandelt habe. Und Willie hatte Jahrzehnte lang angenommen, er habe einen Joint geraucht! Leider sei der Freund unerwartet verstorben und könne die Geschichte nicht mehr verifizieren. Na sowas.

Am selben Tag, an dem O'Dea dem Rugbyspieler Prügel androhte, kam übrigens heraus, dass ein Minister regelmäßig Drogen konsumiere. Er wurde allerdings nicht namentlich genannt. Es ist vermutlich O'Dea: Er nimmt heimlich Wachstumshormone.

Fast ebenso lange wie O'Deas vermeintlicher Drogenkonsum liegt ein Fall zurück, der wegen seines Unterhaltungswertes zu jedem Jahrestag aufgewärmt wird. Er sei »grotesk, unglaublich, bizarr, unvorhersehbar«, wie der damalige Premierminister Charles Haughey, Aherns politischer Ziehvater, bemerkte. »GUBU« ging als Begriff ins irische Englisch ein. Haughey wurde später selbst damit belegt, als herauskam, dass er Bestechungsgelder in Höhe von rund 20 Millionen Pfund angenommen hatte, während er dem Volk riet, den Gürtel enger zu schnallen.

Im Mittelpunkt der GUBU-Affäre stand Malcolm MacArthur. Der damals 36-Jährige war hochgebildet, belesen und trug stets makellose Kleidung. Sein Markenzeichen war eine gepunktete Fliege. Er hatte in Kalifornien Wirtschaft studiert und verkehrte nach seiner Rückkehr nach Irland in den vornehmsten Kreisen. Um Geld musste er sich nicht sorgen, denn nach dem Tod seines Vaters hatte er eine beträchtliche Summe geerbt.

Doch nach acht Jahren ging das Geld zur Neige. MacArthur, seine Freundin Brenda Little und ihr gemeinsamer Sohn Colin zogen nach Teneriffa. Kurz darauf war das restliche Geld aufgebraucht. MacArthur ging alleine zurück nach Dublin, um ein paar »finanzielle Angelegenheiten« zu regeln: Er beschloss, sich auf bewaffnete Raubüberfälle zu spezialisieren.

Er besorgte sich einen Vorschlaghammer, um die Opfer zur Geldherausgabe zu überreden, sowie einen Spaten, falls sie sich nicht überreden ließen und begraben werden mussten. Außerdem benötigte er einen Fluchtwagen. Den fand er im Dubliner Phoenix Park, wo die Krankenschwester Bridie Gargan ein Sonnenbad nahm. Sie wehrte sich, MacArthur schlug zu und raste mit der sterbenden Frau davon. Ein zufällig vorbeikommender Krankenwagen gab ihm Geleitschutz, denn die Sanitäter hielten MacArthur wegen Gargans Krankenhausaufkleber für einen Arzt, der mit einer Verletzten unterwegs war. Sie wurden erst stutzig, als MacArthur am Krankenhaus vorbeifuhr. Da es mit dem Vorschlaghammer nicht geklappt hatte, kaufte er bei einem Tontaubenschützen ein Gewehr, erschoss den Verkäufer aber vorsichtshalber, damit er ihn später nicht identifizieren konnte. Soweit eine normale, wenn auch blutige Räuberpistole. Doch MacArthur brauchte eine Unterkunft. Ihm fiel ein, dass seine Freundin Little mit der Frau des Generalstaatsanwalts Paddy Connolly bekannt war, und so fuhr er in den exklusiven Vorort Dalkey. Connolly bot ihm nicht nur ein Zimmer an, sondern stellte ihm auch seine Staatskarosse mit Chauffeur zur Verfügung.

Dann machte MacArthur einen entscheidenden Fehler: Er überfiel den US-Amerikaner Harry Beiling in der Nachbarschaft, doch Beiling konnte fliehen. MacArthur rief am nächsten Tag die Polizei unter seinem richtigen Namen an und behauptete, er habe Beiling lediglich einen Streich spielen wollen. Die Polizei verfolgte den Anruf zurück zum Haus des Generalstaatsanwalts. Dessen Karriere war damit beendet.

MacArthur sitzt noch immer im Gefängnis, sein damaliger Verteidiger war eine Weile Justizminister, und Haughey ist gestorben. Dennoch hat man das Gefühl, dass sich eine solche Geschichte jederzeit wieder in Irland ereignen könnte. Und »GUBU« könnte in den europäischen Sprachgebrauch aufgenommen werden, denn nach 34 Jahren EU-Mitgliedschaft fiel den Iren ein, das Irische als 21. Sprache der Europäischen Union anerkennen zu lassen.

Irisch gehört zu den keltischen Sprachen, es ist mit dem schottischen Gälisch eng verwandt, und weitläufiger auch mit Walisisch, Bretonisch, Galizisch, Cornish und Manx, der Sprache der Isle of Man. Laut Verfassung ist Irisch die erste Landessprache, Englisch wird als zweite Sprache gleichberechtigt anerkannt. Die Realität sieht anders aus. Nach Jahrhunderten der Unterdrückung durch die englischen Besatzer und durch wirtschaftliche Notwendigkeiten, als man wegen des aufkommenden Handels mit der Nachbarinsel Englisch können musste, war Irisch fast ausgestorben.

Seit der Unabhängigkeit 1922 ist die Sprache zwar Pflichtfach an Schulen, aber nur drei Prozent der Bevölkerung können sich flüssig auf Irisch verständigen. Der Schriftsteller Manchán Magan versuchte auf seiner Rundreise durch Irland, ausschließlich irisch zu sprechen. Er kam nicht sehr weit, vielen Iren war es peinlich, dass sie ihre eigene Landessprache nicht beherrschten, und behandelten ihn unfreundlich. Er wäre besser gefahren, hätte er nur Russisch oder Chinesisch gesprochen. Andererseits konnte er vor manchen Kirchen als Busker die obszönsten Lieder singen, und die Gläubigen warfen ihm ein paar Cent in den Gitarrenkasten.

In Nordirland bekam die Sprache aufgrund des Konflikts etwas Auftrieb: Die Gefangenen der Irisch-Republikanischen Armee (IRA) büffelten im Knast Irisch, weil die protestantischen Wärter das nicht verstanden. Vielleicht ist das der Grund dafür, dass die Sprache bei Nordirlands englandtreuen Unionisten immer noch einen Beißreflex auslöst. Sie forderten neulich im Europaparlament, dass auch das »Ulster Scots« als offizielle EU-Sprache anerkannt wird. Genauso gut könnte man das Schwäbische anerkennen, denn es ist vom Deutschen ungefähr ebenso weit entfernt wie Ulster Scots vom Englischen.

Sammy Wilson, einer von Paisleys Handlangern, bezeichnete das Irische einmal als »Leprechaun-Sprache«. Leprechauns sind grüngekleidete Kobolde mit roten Haaren. In Wirklichkeit sitzen die aber in der irischen Regierung. Seit anderthalb Jahren wussten die Politiker, dass Irisch zu Jahresbeginn 2008 als offizielle EU-Sprache anerkannt würde. Das Ereignis sollte gefeiert werden, unter anderem mit einer Antrittsrede im Europaparlament. Die musste auf unbestimmte Zeit verschoben werden. Den irischen Beamten war es nicht gelungen, die erforderlichen neun Dolmetscher aufzutreiben, obwohl die Gelder dafür, rund 3,5 Millionen Euro im Jahr, von der EU längst bewilligt worden sind. Nun hat man bei der EU weitere Zuschüsse beantragt, um die Dolmetscher auszubilden. Den passenden irischen Kommentar dazu verstehen alle Iren, sogar die Unionisten: Póg mo thóin – leck mich am Arsch.

So hießen auch die Pogues zu Beginn ihrer Karriere, aber weil sie deshalb nie im Radio gespielt wurden, kürzten sie den Namen lieber ab. Dank ihres genialen Songwriters und Sängers Shane McGowan brachte es die Band zu völlig berechtigtem Weltruhm, doch wegen McGowans ständiger Trunkenheit warfen ihn seine Mitmusiker schließlich hinaus.

Dabei ist McGowan auch in betrunkenem Zustand allemal ein angenehmerer Zeitgenosse als sein Kollege Bono von der Rock-Kapelle U2. Die Leser der Zeitschrift *New Internationalist* haben Bono zum listigsten Steuerschwindler des Jahres 2008 gewählt. Als Preis bekam er eine Packung Kekse der Marke »Jammy Dodgers«, denn ein »tax dodger« ist ein Steuerhinterzieher. Ehre wem Ehre gebührt.

Zweiter wurde die Supermarktkette Tesco, die in Luxemburg Steuern spart. Danach folgt der Medienzar Rupert Murdoch, der in Bermuda registriert ist und die Leser seiner Zeitungen verhöhnt: Weil der Staat das Bildungsbudget gekürzt hat, druckt Murdoch in seinen Blättern Coupons ab, die gegen Lehrbücher eingetauscht werden können. Auf dem vierten Platz landete die britische Queen, die seit 1992 Steuern zahlt. Aber was sie verdient, weiß keiner, und es geht auch niemanden etwas an, findet sie.

An den irischen Heuchler reicht freilich keiner heran. Sein Getue für globale Gerechtigkeit passt nicht so recht zu seinem Eifer beim Steuersparen. Er hat den Sitz der Musikfirma seiner Band in die Niederlande verlegt, weil er dort kaum Steuern auf Tantiemen zahlen muss. In Irland mussten Künstler bis 2006 gar keine Steuern zahlen. Dann setzte die Regierung als Obergrenze 250.000 Euro fest. Da war die Geldgier bei dem Schleimbeutel größer als die Vaterlandsliebe.

Die Reichen der Welt, inklusive Bono, hinterziehen schätzungsweise 250 Milliarden Dollar im Jahr – weit mehr, als die UN für ihr Programm gegen die Armut bereitstellt. Bono, die peinliche Polithure, fordert, dass die Staaten mehr Steuergelder für das Programm locker machen, und dafür ging er auch gerne mit dem US-Präsidenten George W. Bush essen. »Meine Priorität ist die Hilfe für die Armen und Benachteiligten dieser Welt«, hat Bono einmal gesagt, und deshalb könne er sich nicht auch noch gegen den Irakkrieg engagieren. Wozu auch? Schließlich ist Bono Geschäftsführer und Mitgründer von Elevation, einer Firma, die mit mörderischen Videospielen ihr Geld macht. Da haben die Armen wenigstens was zum Spielen.

»Ich muss etwas beichten«, sagte das »Arschloch mit Mercedes« (Bono über Bono) einmal vor Studenten der Universität Pennsylvania. »Ich habe eine Menge Gesetze gebrochen, und bei den anderen, die ich nicht gebrochen habe, dachte ich zumindest drüber nach. Ich erhalte hier einen Ehrendoktor und stehe in der Gunst der Mächtigen. Ich hoffe, das zeigt euch eins: Verbrechen zahlt sich aus.«

Aber Gott habe ihm vergeben, weiß Bono, denn er schöpfe seine Kraft aus seiner Religiosität und seinen Zwiegesprächen mit Gott. Der Unterschied zwischen seiner Combo und den Beatles liege darin, dass es letzteren an spiritueller Tiefe fehle, größenwahnte der selbsternannte Messias in einem Interview mit dem *Rolling Stone*.

Im Internet kursiert eine nette Geschichte über den Klotzkopf, die allerdings erfunden sein soll. Bei einem Konzert in Glasgow habe Bono das Publikum um absolute Ruhe gebeten. Dann begann er, langsam in die Hände zu klatschen. Schließlich sagte er: »Jedes Mal, wenn ich in die Hände klatsche, stirbt in Afrika ein Kind.« Daraufhin eine Stimme aus dem Publikum: »Dann hör doch endlich auf damit, du elender Bastard.«

Eine Bahn
für einen blinden Passagier

Der Ire und sein Transportwesen

Man kann es kaum glauben: Vor hundert Jahren besaß Irland das dichteste Eisenbahnnetz Europas. Heutzutage ist eine Zugfahrt auf der Grünen Insel ein zweifelhaftes Vergnügen. Von Dublin aus führen ein paar Strecken fächerförmig ins Land, Querverbindungen gibt es so gut wie nicht. Aber dafür haben sie den Bahnhof in der Hauptstadt aufwändig renoviert.

Er ist nach Seán Heuston benannt, einem der Anführer des Osteraufstands gegen die englischen Besatzer im Jahr 1916. Er hatte früher in der Bahnhofsverwaltung gearbeitet. Als der Bahnhof 1846 eröffnet wurde, hieß er noch Kingsbridge Station. Er war damals das größte geschlossene Bauwerk der Welt. Das von Sancton Wood entworfene Originalgebäude hat die Modernisierung überlebt, was in Irland keineswegs selbstverständlich ist, geht man doch mitunter recht rüde mit historischen Gebäuden um. Der Bahnhof hat jetzt neun Bahnsteige. Die Nummer 9 gibt es allerdings nicht – statt dessen aber eine Nummer 10.

So dünn das Streckennetz ist, so rar sind auch die Züge, weshalb sie zu Stoßzeiten überfüllt sind. Manchmal geht es aber auch anders. An einem Sonntag hatte sich vor dem Bahnsteig eine Schlange von mehr als 300 Leuten gebildet, die mit dem Zug um 18:25 Uhr nach Limerick fahren wollten. Die irische Bahn funktioniert nach einem eigenen System: Man muss am Kopf des Bahnsteigs durch eine Fahrkartenkontrolle, bevor man einsteigen darf. So viel Zeit muss sein.

Bevor der Bahnangestellte die Schranke jedoch öffnete und mit der Kontrolle begann, wurde ein Blinder von einem Bahnangestellten an der Schlange vorbeigeführt, damit er sich nicht dem Gedränge aussetzen musste. Nachdem er an seinen Platz geführt worden war, signalisierte der Schaffner, dass der Zug nun für die anderen Fahrgäste einstiegsbereit sei. Der Lokführer aber missdeutete das Signal, das gar nicht für ihn bestimmt war. Er glaubte, dass alle Leute an Bord waren, und fuhr los.

Die 300 hoffnungsvollen Passagiere, die insgesamt rund 20.000 Euro für ihre Tickets bezahlt hatten, beobachteten ungläubig, wie ihr Zug langsam am Horizont verschwand. Zwar verständigte die Bahnhofsaufsicht den Lokführer, doch er durfte nicht mehr zurück: Das hätte den Fahrplan für den Rest des Abends durcheinandergebracht, lautete die lahme Erklärung – als ob die Züge die ganze Nacht hindurch im Zweiminutentakt aus Heuston abfahren. In Wirklichkeit gibt es abends gerade Mal ein Dutzend Züge, um halb zehn macht der Bahnhof dicht.

Der blinde Passagier, gewöhnt an brechend volle Züge, hat sich vermutlich gegruselt, als ihm klar wurde, dass er der einzige Passagier war. Seine verhinderten Mitreisenden wurden in den ohnehin überfüllten Zug nach Cork gestopft, der auf halber Strecke einen außerplanmäßigen Zwischenstopp einlegte. Dort mussten die Reisenden auf einen Sonderzug warten, der ihnen aus Limerick entgegengeschickt wurde.

Das Bahnunternehmen hatte schlauerweise verschwiegen, dass man den Leuten die Hälfte des Fahrpreises als Entschädigung erstatten wollte. Das erfuhren sie erst zwei Tage später aus der Zeitung. Zu diesem Zeitpunkt hatten die meisten ihre Tickets längst weggeworfen.

Mit der Straßenbahn geht es nicht unbedingt reibungsloser. Nach dem Motto »Was lange dauert, wird endlich Murks« wollten die Verkehrsplaner das Chaos in der Dubliner Innenstadt angeblich beheben, doch mit jeder Maßnahme, die sie aushecken, wird alles schlimmer.

Das Meisterstück in Sachen Inkompetenz lieferten sie bei der Straßenbahn. Es stellte sich heraus, dass die Tram gemeingefährlich ist. Dabei fährt sie noch gar nicht so lange. Am 30. Juni 2004 wurde sie feierlich mit Champagner und Kapelle eingeweiht. Die Ehrengäste ahnten nicht, dass das Bindematerial, mit dem die Schienen an Betonblöcken festgemacht sind, bereits Risse hatte, bevor die erste Straßenbahn gefahren war. Man wollte die schöne Feier aber nicht absagen. Schließlich war der Bau erst mit abenteuerlicher Verspätung fertig geworden, die Kosten waren auf 800 Millionen Euro gestiegen und die Stadt wegen der Bauarbeiten ewig lahmgelegt.

Die Baufirma wusste von den Problemen schon drei Monate vor der Eröffnung und hatte einen Beamten im Ministerium verständigt. Den damaligen Minister

Seamus Brennan, der bei der Feier so stolz war wie ein Achtjähriger mit seiner ersten elektrischen Eisenbahn, hatte man davon nicht informiert. Alle hatten dichtgehalten – bis auf das Bindematerial. Inzwischen hatte es sich so voll Wasser gesogen, dass eine Straßenbahn in einer Kurve leicht aus den Schienen hüpfen konnte. Ein Drittel des Schienennetzes musste wieder ausgebuddelt und neu verlegt werden, das kostete weitere zehn Millionen Euro. Die Anwohner, die jahrelang unter Dreck, Baulärm und gesperrten Straßen gelitten haben, rauften sich die Haare.

Dabei müssten die Iren fiaskoerprobt sein. Für die Parlamentswahlen 2002 hatte die Regierung ein 52 Millionen Euro teures Computersystem für die elektronische Stimmabgabe angeschafft. Leider funktionierte es nicht und wurde eingemottet. Die Lagerkosten für den Schrotthaufen betragen 600.000 Euro im Jahr.

Bisweilen müssen auch Flugzeuge auf dem Dubliner Flughafen gelagert werden, weil sie nicht starten können. Neulich hat es das computergesteuerte Radarsystem erwischt. Hunderte von Flügen fielen aus. Kein Experte konnte sich den Computerabsturz erklären.

Die Reparatur dauerte eine Woche, täglich schafften sie es, die Kapazität des Systems um ein paar Prozent zu erhöhen. Transportminister Noel Dempsey sagte, das Radar sei fünf Jahre alt und habe 115 Millionen Euro gekostet. »Ein Reservegerät würde noch mal das gleiche kosten. Es ist eins der fortschrittlichsten Systeme, und es ist auf dem neuesten Stand der Technik.«

Das wird die Passagiere freuen, die auf dem Flughafen festsaßen. Niemand verriet ihnen, ob und wann sie fliegen konnten. Und irgendwelche Erfrischungsgetränke gab es für die Gestrandeten erst recht nicht. Der Chef des irischen Billigfliegers Ryanair, Michael O'Leary, der auch in besten Zeiten den Charme eines schlecht gelaunten Rottweilers versprüht, reagierte auf die vorsichtige Anfrage nach einem Tässchen Tee mit einem Wutanfall.

»Tee«, schrie er entsetzt, als ob ihm jemand in den Schritt gefasst hätte. »Was soll dieser Tasse-Tee-Blödsinn. Ja, ist das denn eine Teeparty? Wer Tee trinken will, soll ihn sich selber kaufen. Warum sollen wir die Leute kostenlos mit Heißgetränken versorgen, um ihnen die Wartezeit zu verkürzen, wenn sie im Flugzeug dafür bezahlen müssen?«

Drei Euro muss man für das beutelgetrübte warme Wasser bei Ryanair hinblättern. Aber wenigstens funktionierte das Radarsystem wieder rechtzeitig für meinen Flug nach Schottland. Normalerweise meide ich diese irische Billigfluglinie, weil es in den Maschinen wie auf einem orientalischen Basar zugeht. Ständig wird man über Lautsprecher in muezzintauglicher Stimmlage aufgefordert, gebratene Würstchen, Parfüm, Uhren, Schmuck, Busfahrscheine und Zugbillets zu kaufen – oder Lose, mit denen man einen Ryanair-Flug gewinnen kann.

Ob ich nicht einen internationalen Adapter für meinen Rasierapparat gebrauchen könnte, die seien gerade im Angebot, meinte die als Stewardess getarnte Verkäuferin. Erstens seien die Steckdosen in Irland und Schottland identisch, entgegnete ich, und zweitens rasiere ich mich nass – allerdings nicht in den nächsten drei Tagen, hätte ich hinzufügen können, denn weil Ryanair auch für Koffer kassiert, hatte ich nur leichtes Handgepäck dabei. Und da darf keine Rasierklinge hinein.

Eine Flugreise ist wie eine Wundertüte. Wenn man alleine reist, weiß man beim Einchecken nicht, wer neben einem sitzen wird. Eine hübsche Brünette vielleicht, ein interessanter Polarforscher, oder wenigstens ein ruhiger Buchleser? Wahrscheinlich aber jemand mit einer ansteckenden Erkältung oder dem dringenden Bedürfnis, einem die Lebensgeschichte zu erzählen.

Manchmal kommt es noch schlimmer. Die Maschine war ziemlich voll, aber die beiden Sitze neben mir waren noch frei. Ich sah das Unglück nahen in Form von Oma, Opa, Tochter und ziemlich neuem Enkel. Ich schickte ein Stoßgebet nach oben: Mögen Oma und Opa sich neben mich setzen. Doch Opa sagte: »Bleib du mal bei den Kindern, dann kannst du dich ein bisschen um sie kümmern. Ich setze mich hinten hin.«

Ich wollte auch nach hinten. »Kommen Sie zurück«, rief ich Opa nach. »Wir können die Plätze tauschen, dann können Sie bei ihrer Familie sitzen.« Er durchschaute mein durchsichtiges Manöver. »Danke, aber ich will keine Umstände machen«, grinste er mich an und verschwand. Die Mutter mit dem Kleinkind, das antiautoritär erzogen war, wie ich befürchtete, setzte sich neben mich. Wie antiautoritär es tatsächlich erzogen war, stellte sich schnell heraus.

Es ist verblüffend, wie ausdauernd ein kleines Kind brüllen kann. Entweder hatte es Pferdelungen, oder die Mutter war damals von einem Dudelsack geschwängert worden. An meine Zeitungslektüre war nicht mehr zu denken. »Hache oche«, brüllte der Terrorist, als die Mutter den Deckel auf die Flasche schrauben wollte. »Er möchte, dass die Flasche offen bleibt«, interpretierte die Mutter. Er möchte mir den Inhalt über die Hose kippen, wollte ich einwenden, doch es war schon zu spät. »Ist ja nur Milch«, beruhigte mich die Mutter. Stimmt. Glühende Lava wäre unangenehmer.

»Er ist sprachlich schon ziemlich weit für sein Alter«, erklärte die Mutter. Aber stubenrein war er noch nicht, das roch man. Meine Befürchtung, dass sie das Kind an Ort und Stelle trockenlegen wollte, erwies sich als unbegründet. Für wenige Minuten hatte ich Ruhe, während es gedämpft aus der Bordtoilette schallte.

Doch schon bald ging der Rabatz weiter. Der Knabe fand Gefallen am Klapptisch, den man hochdrücken und wieder heruntersausen lassen konnte. Leider stand der Obstbrei drauf, aber Mutti hatte noch mehr davon. Es ist erstaunlich, wie viele Utensilien Mütter mit an Bord nehmen, um die kleinen Racker ruhig zu stellen. Nur an einen Knebel denken sie nie. Kleinkinder ohne Sitzanspruch sollten als Handgepäck gelten und ebenso verstaut werden.

»Uhu lalle«, behauptete das Kind schließlich. »Das

Flugzeug landet«, übersetzte die Mutter. »Ist das nicht goldig?« Dann setzte der Bengel zur Abschiedsgala an. »Wahauhauhauhauhuahuaha«, dröhnte es eine Minute lang aus dem goldigen Knaben. »Was er damit wohl meint«, rätselte die Mutter. »Ihr Sohn findet bestimmt, die Wahrscheinlichkeit, dass ein bestimmtes Ereignis eintrete, sei umgekehrt proportional zu seiner Erwünschtheit«, sagte ich und erntete eisiges Schweigen. Okay, das hat er wohl nicht gemeint. Obwohl er damit den Verlauf meines Fluges akkurat beschrieben hätte.

Wenigstens war die Maschine pünktlich in Glasgow gelandet – beziehungsweise an dem Ort, den Ryanair »Glasgow« nennt. Die Bahnfahrt in die Stadt dauerte länger als der Flug. Doch dazu musste man erst mal zum Bahnhof gelangen, was sich als schwierig erwies. Aus dem Flughafen gab es nämlich kein Entkommen. Die automatische Tür am Ende der Gepäckhalle war verschlossen, von irgendwelchen Flughafenangestellten keine Spur. Auf unser Klopfen reagierte niemand.

Nach einer Viertelstunde reichte es mir, ich drückte einen alarmgesicherten Notausgang auf. Sofort ging eine ohrenbetäubende Alarmsirene los. Die Tür führte in einen umzäunten Hof. Die Mitreisenden klatschten in der Annahme, dass nun jemand kommen und uns befreien würde.

Welch Irrtum. Eine weitere Viertelstunde später platzte mir endgültig der Kragen. Ich beschloss, die automatische Tür durch einen gezielten Tritt gegen das Schloss zu öffnen, wie ich es aus dem Fernsehen kannte. Als ich mein Bein in Stellung gebracht hatte, öffnete sich die Tür plötzlich, aber ich konnte nicht mehr abbremsen, so dass ich dem uniformierten Angestellten, der aufgeschlossen hatte, in die Arme fiel und ihn fast zu Boden riss. Er schien äußerst überrascht, war aber zum Glück unbewaffnet.

Die weiter hinten stehenden Passagiere glaubten, ich hätte mich an dem armen Mann für die Wartezeit mit einem Judogriff gerächt, und applaudierten mir erneut.

Leider bin ich in letzter Zeit verstärkt auf Flugzeuge, Eisenbahnen, Trams und Busse angewiesen, weil mein französischer Kleinstwagen die meiste Zeit auf der Ladefläche des Abschleppwagens meines neuen Freundes Mick verbringt. Es begann mit einer Fahrt von Galway nach Dublin quer durch die Grüne Insel. Normalerweise braucht man dafür zweieinhalb Stunden. Bei mir dauerte es sieben Stunden, weil der Wagen elf Mal stehen blieb. Nach zehnminütiger Ruhepause war er jedes Mal wieder fahrbereit.

War die zerbeulte Kiste heimlich in die Autogewerkschaft eingetreten und forderte Pausen ein? Drei verschiedene Fachwerkstätten, die ich unterwegs aufsuchte, stellten drei verschiedene Diagnosen, tauschten drei Relais aus und schickten mich, Zuversicht verströmend, wieder auf die Piste. In der Einfahrt zu unserer Straße blieb das Auto endgültig stehen. So lernte ich Mick kennen. Er zog den Wagen mit einer Stahlwinde auf die Ladefläche und brachte es in die Werkstatt. Drei Tage und 300 Euro später war das

Auto repariert, behauptete der Werkstattbesitzer, der nebenbei auch ein Beerdigungsinstitut betreibt. Auf der Rückfahrt blieb die Karre ausgerechnet in einer Gegend stehen, in der selbst Rottweiler nur paarweise herumlaufen. Mick hatte erst am nächsten Morgen Zeit. Ich verabschiedete mich von meinem Wagen und hoffte, er würde nicht allzu lange leiden müssen, wenn die lokalen Hooligans ihn in die Mangel nähmen.

Wider Erwarten blieb das Auto über Nacht unversehrt. Wahrscheinlich haben die jugendlichen Gangster in Anbetracht des vergammelten Fahrzeugs geglaubt, ihre Kollegen seien ihnen zuvorgekommen. Mick begrüßte mich wie einen lange verschollenen Neffen, zog den Wagen wieder auf die Ladefläche und brachte ihn zurück zum Beerdigungsmechaniker. Diesmal dauerte es nur einen Tag und kostete hundert Euro. Ich schaffte es sogar bis nach Hause. Der Wagen lief für sein Alter tadellos.

Aber ich hatte mich zu früh gefreut. Das Auto wurde am Nachmittag von einem weiteren Unglück heimgesucht: Kinder warfen das Seitenfenster mit einem Ziegelstein ein, rissen ein paar Kabel ab und zogen mit einer Tüte Gummibärchen davon. Mick freute sich über unser unerwartet schnelles Wiedersehen. Diesmal lud ich ihn auf einen Kaffee ein. Schließlich sind wir jetzt Freunde.

Viele Iren sind seit Sommer 2008 nicht wegen ihrer maroden Fahrzeuge, sondern aus anderen Gründen auf öffentliche Verkehrsmittel umgestiegen. Sie benötigen nämlich seitdem einen Führerschein, wenn sie

Auto fahren wollen. Die Regierung hat am 1. Juli eine lustige Gesetzeslücke geschlossen. Bis dahin konnte jeder, der mindestens 17 Jahre alt war, eine provisorische Fahrerlaubnis beantragen, die zwei Jahre gültig war. In dieser Zeit durfte man nach Herzenslust herumfahren, solange jemand mit echtem Führerschein auf dem Beifahrersitz saß und man ein rotes »L« für »Learner« im Fenster anbrachte.

Nach Ablauf der zwei Jahre konnte man einen zweiten provisorischen Schein beantragen. Nun galt man als routinierter Autofahrer, selbst wenn man durch die Prüfung gefallen war, und durfte ohne Beifahrer herumkutschieren. Ab der dritten provisorischen Fahrerlaubnis hingegen musste wieder ein Beifahrer her. In der Praxis hielt sich niemand an diese Vorschrift, manche fuhren 20 Jahre lang mit dem Provisorium, und die Polizei drückte beide Augen zu.

Inzwischen tut sie das nicht mehr. Wer ohne Beifahrer erwischt wird oder gar sein »L«-Schild im Kofferraum versteckt, muss tausend Euro Strafe zahlen. Das hat die knapp 400.000 Fahrer mit provisorischem Führerschein in tiefe Verzweiflung gestürzt, die einem morgens in den Radiosendungen mit Hörerbeteiligung zum Frühstücksei serviert wird.

Nun hat ein Ansturm auf die Fahrprüfstellen eingesetzt, doch jeder Zweite fällt durch die Prüfung. Vielleicht sollten diese Leute ihr Glück in England versuchen. Dort hat ein 20-Jähriger bestanden, obwohl er während der Prüfung ein anderes Fahrzeug, das aus einer Parklücke kam, gerammt hat. »Hätte mir auch passieren können«, sagte der Prüfer zum Prüfling. Der konnte sein Glück kaum fassen.

Irlands provisorische Fahrer müssen jedoch auf einen Beifahrer zurückgreifen, wollen sie keine Geldstrafe riskieren. Das Gesetz schreibt allerdings nicht vor, in welchem Zustand dieser Beifahrer sein muss. Er kann voll wie eine Natter sein – solange er noch bei Bewusstsein ist, gilt er als Fahrlehrer. Da könnten sich ungewöhnliche Fahrgemeinschaften bilden, ähnlich wie in den USA, wo die Schnellspur auf Autobahnen für Fahrzeuge mit mindestens zwei Insassen reserviert ist. So nehmen die Autofahrer wildfremde Menschen mit, die an der Straße stehen, damit sie diese Spur benutzen dürfen.

In Irland müssen die provisorischen Fahrer lediglich einen arbeitslosen Trinker mit Führerschein in der Nachbarschaft finden. Der kann sie dann morgens zur Arbeit begleiten, darf bis Feierabend kostenlos im Pub picheln und lässt sich danach zufrieden nach Hause bringen. Man kann vor der Heimfahrt auch gerne gemeinsam ein paar Bierchen nehmen, denn von der geplanten Senkung der Alkoholgrenze auf 0,5 Promille hat die Regierung vorerst Abstand genommen. Angeblich können die Alkoholtestgeräte, auch Röhrchen genannt, nicht so einfach neu kalibriert werden. In Wirklichkeit will man es sich wohl nicht mit den Wählern auf dem Land verderben, die mangels öffentlichem Nahverkehr schon immer mit dem Auto zum Wirtshaus fahren – mit oder ohne rotem »L«-Schild.

Ein solches Schild sollten auch viele Lastwagenfahrer an ihrem Fahrzeug anbringen. Portlaoise im Zentrum Irlands war bisher vor allem für sein knapp 180 Jahre altes Hochsicherheitsgefängnis bekannt. Jetzt hat die Stadt eine weitere erbärmliche Attraktion: Zwei von Portlaoises Eisenbahnbrücken sind mehr als 30 Mal in einem Jahr von Lastwagen ramponiert worden, weil die Trucker die Höhe ihres Arbeitsgeräts unterschätzten. Dabei ermitteln Infrarotanlagen an den Kreuzungen vor den Brücken die Höhe des Fahrzeuge und schalten bei einer Überhöhe riesige Warnblinktafeln ein.

Die entnervte Bahngesellschaft hat eine Presseerklärung mit der Überschrift: »Dumm und dümmer« herausgegeben. Darin heißt es, dass die Lastwagenfahrer, die durch Portlaoise fahren, die »dümmsten in ganz Irland« seien. »Man muss den Verstand und die Kompetenz der Fahrer, die in diese Zwischenfälle verwickelt sind, in Zweifel ziehen«, sagte Barry Kenny, der Sprecher der Irischen Bahn. Trucker, die eine blinkende Riesenbotschaft »Fahrzeug zu hoch – umkehren« übersehen, seien die größte Gefahr für die Sicherheit der Züge, fügte er hinzu. Jimmy Quinn vom Verband der Spediteure gibt ihm recht: »Jeder, der gegen eine dermaßen gesicherte Brücke fährt, verdient einen Schlag auf den Kopf.«

Vielleicht ist der aber gerade die Ursache für die Brückendemolierungen. Die Berufsfahrer verlangen die Abschaffung sämtlicher künstlicher Bodenwellen, weil sich die Fahrer, die das verkehrsberuhigende Hindernis übersehen, Beulen am Kopf holen – oder Schlimmeres. Vor kurzem hob ein Transporter an einer solchen Rampe ab, prallte auf ein entgegenkommendes Fahrzeug, schleuderte in einen Garten und mähte sechs Menschen um. Es handelte sich um einen Polizeiwagen im Notfalleinsatz.

Möglicherweise war der Fahrer gerade mit der Nahrungsaufnahme beschäftigt. Eine Untersuchung der Organisation für Verkehrssicherheit hat ergeben, dass fünfzehn Prozent der Berufsfahrer mindestens einmal in der Woche am Steuer essen. Ein holländischer Trucker musste seinen Führerschein für ein Jahr abgeben, weil er während der Fahrt eine Portion Spaghetti Bolognese mit Messer und Gabel verspeiste.

Noch gefährlicher als die Esser sind die Schläfer. Zehn Prozent der Berufsfahrer gaben zu, schon mal am Steuer eingeschlafen zu sein. Einer der Hauptgründe dafür, so die fundamentale Erkenntnis der Organisation für Verkehrssicherheit, sei Schlafmangel.

Oder waren die Brückenunfälle höhere Gewalt? Die Versicherung Norwich Union hat eine Statistik veröffentlicht, wonach die Unfallhäufigkeit an jedem Freitag, dem 13., ausgerechnet um dreizehn Prozent höher lag als an anderen Tagen. »Möglicherweise liegt es daran, dass abergläubische Menschen ihr Fahrverhalten an dem vermeintlichen Unglückstag ändern«, meinte Versicherungssprecher Nigel Bertram.

Damit ist das Geheimnis um die malträtierten Brücken von Portlaoise gelöst: Die Lastwagen waren gar nicht zu hoch, die Warnanlagen schalteten sich deshalb nicht ein. In Wirklichkeit sind die Truckertrottel an einem Freitag, dem 13., nach einer schlaflosen Nacht Spaghetti essend über eine künstliche Bodenwelle gerast, hoben ab und prallten gegen die Brücken.

Merkwürdigerweise haben sie den Tunnel vom Hafen zur Ringautobahn bisher verschont. Er soll die Lastwagen aus dem Zentrum fernhalten, doch nach seiner Eröffnung stellte man überrascht fest, dass der Tunnel 30 Zentimeter zu niedrig ist, so dass große Lastwagen gar nicht hineinpassen. Die Flachköpfe vom Verkehrsministerium beließen es beim Flachtunnel, weil ein Umbau langwierig und teuer gewesen wäre.

Cara, Cortison und Cüchenschränke

Der Ire und sein Gesundheitssystem

Der Alkoholgehalt in der Notaufnahme lag bei durchschnittlich 2,5 Promille. Wir hatten unsere Tochter Ciara am Morgen mit Blinddarmentzündung ins Dubliner Mater-Krankenhaus eingeliefert. Dann begann das Warten – auf einem Küchenstuhl im Flur. Die Langeweile wurde von einer Reihe illustrer Gäste vertrieben.

Da war zunächst Billy, der leise vor sich hinblutete, aber aufgrund seiner alkoholbedingt schweren Zunge nicht artikulieren konnte, was ihm passiert war. Vielleicht wusste er es auch gar nicht. Tommy sah ebenfalls recht mitgenommen aus, er hatte offenbar mit einem Pitbull gerauft.

Die Situation in der Notaufnahme erinnerte an »MASH«, den Anti-Kriegsfilm von Robert Altman. Es wimmelte nur so von Verletzten, die in der Nacht in eine Schlägerei geraten oder lediglich auf die Nase gefallen waren.

Zum Beispiel Father Jack, ein älterer Herr mit wirren Haaren und irrem Blick. Er sah, bis auf die Schürfwunden im Gesicht, dem stets betrunkenen und fluchenden Pfarrer Jack Hackett aus der großartigen Fernsehserie »Father Ted« verblüffend ähnlich – als ob er im offenen Cabrio durch eine Autowaschanlage gefahren sei. Er schubberte an der Wand entlang, bis er an eine

Ecke kam, wo die Wand aufhörte. Dort fiel er einfach um. Bisweilen richtete ihn eine Krankenschwester wieder auf, so dass er bis zur nächsten Ecke weiterschubberte.

Nach 14 Stunden erbeuteten wir einen Sessel für Ciara. Das war Glück, manche Patienten verbringen mehrere Tage auf Holzstühlen. Das irische Gesundheitssystem ist ein schlechter Witz. Trotz des langjährigen Wirtschaftsbooms, der Irland vorübergehend zu einem der reichsten Länder der Welt gemacht hatte, ist die Situation in den Krankenhäusern heute schlimmer als vor 20 Jahren. Die Steuergelder sind in den Straßenbau geflossen. Irland hat jetzt schöne, neue Autobahnen, auf denen man zügig vorankommt. Wer Geld hat, kommt auch bei Operationen zügig voran. Die Warteschlange, die bei nicht lebensbedrohlichen Krankheiten viele Monate lang ist, kann man als Privatpatient umgehen.

Die anderen müssen Geduld haben. Ciaras Sessel stand im Durchgang vor dem Schreibtisch der Krankenschwester, die sich jedes Mal vorbeiquetschen musste, wenn sie an ihren Arbeitsplatz wollte. Sie hatte schlechte Laune, was verständlich war. Auf einem Plakat stand: »Wer gegenüber unserem Personal gewalttätig wird, muss mit gnadenloser Strafverfolgung rechnen.« Es gibt tatsächlich Leute, die Krankenschwestern vermöbeln?

Paul gehört sicher nicht dazu. Er lag friedlich in seinem Sessel und schnarchte. Er tingelt seit Jahren von Krankenhaus zu Krankenhaus und bleibt so lange, bis sie ihn hinauswerfen, wie eine Schwester verriet. Ins Mater kam er gleich im Pyjama.

Es war noch nicht einmal Mittag, als Gerry eingeliefert wurde. Er war, voll wie eine Natter, vom Balkon im vierten Stock eines Hochhauses gefallen. Da er das nicht bemerkt hatte, war er im Fallen vollkommen entspannt, was ihm vermutlich das Leben rettete: Er trumpfte auf wie ein Gummiball und holte sich lediglich ein paar Prellungen. Jetzt war er wütend, weil er sein Bier auf dem Balkon stehen gelassen hatte und man ihn im Krankenhaus festhielt. Nach 30 Stunden wurde endlich ein Bett für Ciara frei.

Ich hatte mehr Glück. Ich ging ins Krankenhaus, weil ich seit einiger Zeit Sehstörungen und Kopfschmerzen hatte. Der Weg über die Notaufnahme ist die einzige Möglichkeit, an einen Facharzt zu gelangen, ohne Monate auf einen Termin zu warten.

Bei mir war es eine Fachärztin. »Ich möchte dich heute Nacht hier behalten«, sagte Cara in einem Ton, der keinen Widerspruch duldete. Eigentlich wäre das keine unangenehme Vorstellung, denn Cara ist eine attraktive Blondine von Anfang 30. Aber sie ist auch Neurologin im Dubliner Beaumont-Krankenhaus, und in dieser Funktion ordnete sie meine Übernachtung an.

Ich kam in ein Sechsbettzimmer, und die Hierarchie war von Anfang an klar. Als Neuankömmling stand ich zwar über den beiden Schlaganfallpatienten, die ans Bett gefesselt waren und nicht sprechen konnten, aber gegen die drei Veteranen hatte ich keine Chance.

Christy, der Tätowierte mit der Mutter aller Husten, war Herrscher über die TV-Fernbedienung. Die Simpsons mochte er leider nicht, er stand mehr auf Action-Filme. Aber wenigstens interessierte er sich für Fußball, allerdings auch für die Spiele der dritten schottischen Liga, die bedauerlicherweise von einem Spartensender übertragen wurden, der im Krankenhaus zu empfangen war. Ab und zu reichte er die Fernbedienung an Declan weiter, den Stubenzweitältesten, der ab acht Uhr morgens mit seinem Radio gegen den Fernseher ankämpfte und wenigstens die Nachrichten einschaltete, wenn er vorübergehend in den Besitz der Fernbedienung gelangt war.

Das geschah aber nur dann, wenn Christy die Sauerstoffmaske abnahm und auf seinen Krücken zum Haupteingang humpelte, um eine Zigarette zu rauchen. Vor der Tür, unter den großen Rauchverbotsschildern, trafen sich die Bademantelträger, die Rollstuhlfahrer und die Ganzkörperbandagierten, um zu quarzen, während eine Lautsprecherstimme pausenlos darauf hinwies, dass in diesem Bereich das Rauchen streng untersagt sei. Die Krankenhausverwaltung hat längst kapituliert und Blecheimer aufgestellt.

Giorgio, ein älterer Italiener, schnarchte. Das war aber nicht das Schlimmste. Er ignorierte die Schilder, die überall hingen: »Wegen Winterbrechvirus nur ein Besucher pro Patient, keine Kinder.« Giorgio hatte seine neunköpfige Großfamilie, darunter drei Kinder, ständig um sein Bett geschart. Es ging zu wie in einer U-Bahn in Neapel.

Manchmal kamen auch Ärzte vorbei – meistens, um einen Kugelschreiber vor meinem Gesicht herumzuschwenken, dem ich mit den Augen folgen sollte, selbst mitten in der Nacht. Danach hatte ich einen Albtraum, in dem ich von einem sieben Meter großen Kugelschreiber über eine Klippe gestoßen wurde. Ich schreibe inzwischen mit Bleistift.

Und sie nahmen mir täglich Blut ab, manchmal sogar neun Ampullen. Ob die Iren in Anbetracht des bevorstehenden rumänischen EU-Beitritts ein Handelsabkommen mit Transsilvanien abgeschlossen haben? Die Blutwerte seien okay, meinte der Arzt. Ich fragte ungläubig: Auch die Leberwerte? Ja, auch die, antwortete er. Ich liebe das Beaumont-Krankenhaus.

Aber Cara habe ich nicht wiedergesehen.

Ihre Kollegen verordneten mir eine Cortison-Kur, und das sollte Folgen für unsere Küche haben. Bei acht von zehn Familien ist das Klo sauberer als der Kühlschrank. Das kam bei einer Untersuchung heraus. 28 Prozent der Befragten warten, bis ein ungewöhnlicher Geruch aus dem Kühlschrank strömt, bevor sie eingreifen. Wir warten meist noch länger und hoffen, dass der Epoisse-Käse für das Verwesungsaroma verantwortlich ist.

Es ist beruhigend, dass wir nicht die Einzigen sind. Die *Observer*-Kolumnistin Barbara Ellen schrieb, sie lebe im häuslichen Äquivalent von »Apocalypse Now«. Ihr Ex-Partner habe sie während einer wütenden Auseinandersetzung angeblafft, er hätte sofort die Flucht ergreifen sollen, als er den Zustand ihrer Wohnung sah. Als er Ellen gerade kennen gelernt hatte und auf ihrem Sofa mit ihr schmuste, seien schmutzige Teller wie Hände aus einem Grab zwischen den Kissen aufgetaucht, warf er ihr vor.

Ich lernte den wahren Zustand unserer Wohnung kennen, nachdem ich auf die Cortison-Hochdosis gesetzt wurde. »Das Medikament kann zur Hyperaktivität bis hin zur Psychose führen«, warnte die Ärztin. Ein paar Tage später, als wir gemütlich am Küchentisch saßen und ein Gläschen Wein tranken, sprang ich aus heiterem Himmel auf und machte mich am Kühlschrank zu schaffen. Das untere Regal war mit Chutney in allerlei Geschmacksrichtungen gefüllt. Ich hasse Chutney. Alle Familienmitglieder hassen Chutney. Dennoch standen sieben Gläser davon im Kühlschrank – seit mehr als einem Jahrzehnt jenseits der Haltbarkeitsgrenze. Es handelte sich, so erinnerte ich mich dunkel, um einen Wohltätigkeitskauf auf dem Weihnachtsbasar in der Grundschule der Kinder. Die sind inzwischen berufstätig.

Danach kam der Gefrierschrank an die Reihe. Ich erfuhr aus erster Hand, was unter dem »gefürchteten Gefrierbrand« zu verstehen war, vor dem in den Zeitschriften im Zahnarztwartezimmer stets gewarnt wird. Wir spielten eine Weile das heitere Päckchenraten, bei dem man herausfinden musste, um welche Lebensmittel es sich gehandelt hatte, bevor der Gefrierbrand zuschlug. Danach kam die Ware zu den Chutneys in den Müllsack.

Ich warf etwas Cortison nach und fiel über den Küchenschrank her. Darüber muss jedoch der gnädige Mantel des Schweigens gelegt werden, damit man uns nicht nachträglich für die Maul- und Klauenseuche verantwortlich macht. Nur soviel: Gewinner war eine Weight-Watchers-Dose mit Szechuan-Sauce. Das Haltbarkeitsdatum war um 21 Jahre und fünf Monate überschritten.

Am Ende waren drei große Müllsäcke gefüllt. Großartig, fand Áine und hoffte, dass bei mir eine Cortison-Langzeittherapie notwendig sei, doch die Ärztin setzte das Medikament nach vier Wochen ab. Seitdem ist meine Hyperaktivität wie weggeblasen. Der Kühlschrank riecht schon wieder komisch.

Barbara Ellen hingegen ist reformiert. Weil sie ihre Wohnung verkaufen wollte und ständig potentielle Käufer zur Besichtigung kamen, musste sie die Räume sauber halten. Schließlich fand sie Gefallen daran, dass ihre Handtücher nicht mehr nach Pizza stanken und sie die Küche betreten konnte, ohne am Fußboden kleben zu bleiben. Wir erwägen nun ebenfalls einen Umzug. Aus hygienischen Gründen.

Neben der Verschreibung von Cortison hatte die Ärztin mir das Rauchen verboten. Das gehe auf die Augen, hatte sie erklärt. Kein Problem, versprach ich. Schließlich hatte ich fünf Jahre lang nicht geraucht – keine einzige Kippe. Am Ende fühlte ich mich aber zu sicher. Was sollte mir eine Zigarette schon ausmachen, ich war ja geheilt, irrtümelte ich. Seitdem habe ich ein halbes Dutzend Mal aufgehört und wieder angefangen.

Die höhnischen Bemerkungen, wenn ich mal wieder schwach geworden war, wurden mir irgendwann peinlich. Im Freundeskreis galt ich längst als labiler Suchtbolzen ohne eine Spur von Willenskraft. So beschloss ich, nur noch heimlich zu rauchen. Ich rasierte mir den Bart ab, damit das Rasierwasser den Tabakgeruch überdeckte. Zu jeder Schachtel Zigaretten kaufte ich zwei Tüten Pfefferminzbonbons. Ich war der Mann mit dem frischesten Atem Irlands.

Um ein paar Züge und einen Pfefferminzbonbon zu nehmen, ging ich in Kneipen ständig auf die Toilette, so dass mir meine Bekannten rieten, die Prostata untersuchen zu lassen. Dann kam das Rauchverbot in sämtlichen irischen Pubs und Restaurants. Ich begann, Wirtshäuser zu meiden, was meine Bekannten zu der Vermutung veranlasste, dass zu der angegriffenen Prostata ein Alkoholproblem hinzugekommen sei. Ich musste meinen Freund John einweihen, denn ich brauchte einen Verbündeten. Fortan besuchte ich ihn regelmäßig abends mit einem Fläschchen Wein und rauchte nach Herzenslust.

Irgendwann flog die Sache auf. Eines abends schaute Áine, die Gattin, auf dem Nachhauseweg aus der Stadt bei John, einem Nichtraucher, in seiner von mir vollgequalmten Bude vorbei. Ich wunderte mich, dass sie sich darüber gar nicht wunderte. Sie wusste längst Bescheid, ebenso wie die anderen Familienmitglieder. Als ich der Tochter beichtete, dass ich wieder rauchte, sagte sie: »Hast du sonst noch irgendwelche Neuigkeiten?« Bei dem Wort »Neuigkeiten« machte sie mit den Fingern Anführungszeichen, was ich ohnehin hasse, in diesem Fall aber besonders verabscheute. Der Sohn fragte bei meiner Beichte lapidar: »Hältst du mich für ebenso naiv, wie du es bist?«

Warum hatten sie nicht gesagt, dass sie von meiner heimlichen Raucherei wussten? »Weil du ungeniert mehr geraucht hättest«, antworteten sie. »Wir alle wussten es und haben uns über deine lächerlichen Ausreden amüsiert, wenn du zum Beispiel unbedingt noch zum Laden musstest, um das Abendkäseblatt zu kaufen, dass du sonst nie gelesen hast.« Nachdem ich offiziell geoutet war, qualmte ich in aller Öffentlichkeit, aber aus alter Gewohnheit nicht im Haus, sondern stets im Garten, selbst bei strömendem Regen.

Auf Anraten der Ärztin nichtrauche ich inzwischen, aber heimlich. Ich tue so, als ob ich noch rauche. Ich spiele lässig mit meinem Feuerzeug, gehe regelmäßig vor die Tür und bitte wildfremde Raucher auf der Straße, mir ihren Qualm ins Gesicht zu pusten, damit ich nach Rauch rieche. Ich will mir die Schmach und die gehässigen Bemerkungen ersparen, falls ich erneut scheitern sollte. Außerdem will ich nicht der schlechten Nikotinentzugslaune bezichtigt werden, was die Familienmitglieder unweigerlich tun würden, sollte ich mich völlig zu recht über Horror-Handwerker, blöde Politiker oder widerliches Wetter aufregen. Irgendwann wird meine Nichtraucherei auffliegen. Ich werde leugnen und mir zum Beweis eine Kippe anstecken.

Schließlich gibt es schlimmere Schicksale als den

Kampf mit dem Nikotin, und sie treffen auch junge Leute. Mit 27 sollte man eigentlich aus dem Gröbsten heraus sein. Die Pubertät ist längst vorbei, der Stimmbruch ebenfalls, und die Pickel sind ausgedrückte Schrecken der Vergangenheit. Eddie und Ciaran, die Freunde meines Sohnes, haben andere Probleme.

Eddie zum Beispiel fällt ständig in Ohnmacht. Schon bei der Erwähnung des Wortes »Blut« sinkt er in die Bewusstlosigkeit. Einmal besuchte er einen Freund, der sich beim Sprung in einen zu flachen Fluss einen Halswirbel gebrochen hatte und, eingehüllt in Kilometern von Verbandsmaterial, im Krankenhaus lag. Eddie schaffte es kaum durch die Tür: Beim Anblick des Mullmonsters ging er zu Boden. Der lädierte Freund dokumentierte mit seiner Handy-Kamera, wie Eddie von zwei Krankenschwestern auf eine Tragbahre gehoben und abtransportiert wurde.

Gruselfilme sind ganz schlecht. Neulich zeigten sie im Kino mal wieder den »Exorzist«, und Eddie schaffte mit Ach und Krach die erste Viertelstunde, bevor sein Kopf nach hinten kippte. Die anderen merkten es erst, als der Film zu Ende war und sie gehen wollten. Dass einer wie Eddie sich ausgerechnet mit einem Krankenwagenfahrer anfreundet, ist grob fahrlässig. Der berichtete nämlich eines Tages in der Kneipe von seinen Erlebnissen. Als er zu der Stelle mit dem Mann kam, dem ein Metallsplitter das Auge durchbohrt hatte, rutschte Eddie vom Hocker und riss im Fallen den Tisch um, auf dem fünf frischgezapfte Biere standen.

Ciaran hat ein anderes, ja geradezu entgegengesetztes Problem: Er schlafwandelt. Auf Kreta, wo er mit zwei Freunden Urlaub machte, ertappten ihn die anderen bei der Hausarbeit: Er wischte mitten in der Nacht splitternackt Staub.

Ohnehin lebt er im Urlaub in fremder Umgebung gefährlich. Dass er in Etagenbetten unten schlafen muss, versteht sich von selbst. Aber dafür lauern andere Gefahren. In Berlin erwischten ihn seine Mitreisenden an der Haustür, sonst wäre er vermutlich verhaftet worden, da er lediglich mit Socken bekleidet war. Ein anderes Mal, in Spanien, wachte sein Freund auf, weil sich Ciaran an der Balkontür zu schaffen machte. Das Ferienappartement lag im siebten Stock, und es wäre nicht viel von Ciaran übrig geblieben, wenn er abgestürzt wäre. Bei dieser Vorstellung fiel Eddie erneut in Ohnmacht.

Zu Hause kennt sich Ciaran wenigstens mit schlafwandlerischer Sicherheit aus. Als er Logierbesuch von zwei weiblichen Bekannten bekam, überließ er ihnen großzügig sein Bett und schlief auf der Couch. Mit Schrecken stellte er am Morgen fest, dass er ein anderes Paar Boxershorts trug als am Vorabend. Er war offenbar nachts in sein Zimmer gegangen und hatte sich umgezogen. Er hatte Glück: Die beiden Frauen hatten einen ruhigeren Schlaf als er und waren nicht aufgewacht.

Das kann Ciaran leider nicht über seine künftige Schwiegermutter sagen. Als er bei seiner Freundin übernachtete, ging er nachts wieder spazieren. Am Morgen wachte er zwar im Bett auf, aber nicht in dem seiner Freundin. Als er nach links schaute, blickte er in das verdutzte Gesicht der Schwiegermutter, die im selben Augenblick wach geworden war. Ciaran überlegt nun, sich nachts ans Bett fesseln zu lassen.

Der Präsident, die Pfarrer und ein Wolpertinger

Der Ire und seine Landeier

Auf dem Land, da ist es schön. Das fand auch der frühere russische Präsident Boris Jelzin. 2006 stattete er Irland zum zweiten Mal einen Besuch ab. Diesmal stieg er sogar aus dem Flugzeug aus. Sein erster Versuch zwölf Jahre zuvor ist unvergessen. Damals war er noch Präsident, und auf dem Rückweg von Washington nach Moskau wollte er eine Stippvisite bei der irischen Regierung einschieben. Die stand geschlossen am westirischen Flughafen Shannon, dazu der russische Botschafter und die führenden irischen Unternehmer.

100 Soldaten formten eine Ehrengarde, eine Militärkappelle spielte die russische Hymne, Schulkinder schwenkten russische Fähnchen. Als das Flugzeug gelandet war, wurde ein roter Teppich ausgerollt. 31 gepanzerte Limousinen standen bereit, um Jelzin und die Gastgeber ins zehn Kilometer entfernte Fünf-Sterne-Hotel Drumoland Castle zu bringen, wo man beim Lunch Geschäftliches besprechen wollte. Die Tür des Flugzeuges öffnete sich, und dann geschah anderthalb Stunden gar nichts. Schließlich erklärte Jelzins Stellvertreter den wartenden Iren, dass der Präsident indisponiert sei, was nichts anderes hieß, als dass er sich in der Luft ins Koma gesoffen hatte.

Beim zweiten Versuch schaffte es Jelzin doch noch

ins Drumolond Castle, aber zu keinem Geschäftsessen, sondern zum Urlaub. Die irischen Politiker waren dem Flughafen vorsichtshalber ferngeblieben, doch sie schickten ein Polizeiaufgebot zu seinem Schutz. Schließlich war Jelzin mal ein bedeutender Mann, und man ist ja nicht nachtragend. Der Ex-Präsident besichtigte die Cliffs of Moher, Europas höchste Klippen, und ging Haifischangeln. Dann äußerte er den Wunsch, auf Inis Oírr – oder anglisiert: Inisheer – seinen Lunch einzunehmen.

Das ist die kleinste der drei Aran-Inseln in der Bucht von Galway vor der Westküste. Auf neun Quadratkilometern leben 250 Einwohner, und alle sprechen Irisch. Jelzin und seine Leibwächter bestiegen am Hafen Pferdekutschen und fuhren zum Essen ins Hotel »Ostan Inis Oírr«. Jelzin sei »in high spirits« gewesen, sagte ein Inselbewohner. Das kann »in Hochstimmung« bedeuten, aber auch »volltrunken«.

Aber Jelzin war diesmal nüchtern. Den Leibwächtern machten ganz andere Trunkenbolde zu schaffen. Einige Wochen vor dem hohen Besuch hatte eine Hörerin aus Dublin, die ihre Ferien auf Inis Oírr verbracht hatte, bei der Joe-Duffy-Radioshow angerufen und die nächtlichen Partys Jugendlicher auf dem Campingplatz der Insel moniert. Andere Hörer merkten entsetzt an, dass es auf Inis Oírr nicht mal einen Polizisten gebe. Das Sommertheater ging weiter, bis eine Polizei-Abordnung aus Dublin auf die Insel geschickt wurde, um den Campingplatz zu schließen.

Inzwischen hatte sich jedoch unter Europas Jugendlichen per Internet wie ein Lauffeuer die Kunde verbreitet, dass es am Rande Europas einen kleinen, bullenfreien Flecken gebe. So zogen sie mit ihren Zelten los und bauten sie zum Entsetzen der Insulaner überall auf – nur nicht auf dem Campingplatz, denn der war ja gesperrt. Als Jelzin auf dem Rückweg zum Hafen an einem der Zelte vorbeikam, schwenkten vier junge Männer eine Flasche Whiskey in seine Richtung. Er lächelte mit einer Miene, die ausdrückte: »Ach, ihr kleinen Amateure.«

Mary, die am Bootssteg von Inis Oírr wohnt und Jelzins Besuch eher gleichgültig hingenommen hatte, bekam in derselben Nacht einen Anruf. Sie hatte zwar damit gerechnet, allerdings nicht um vier Uhr nachts. Ihr Bruder Mick war am Telefon – aus Thailand. »Mein Leben ist völlig aus den Fugen geraten«, jammerte er. Mary verkniff sich gerade noch ein Siehste-ich-hatte-dich-ja-gewarnt. Sie hatte ihn sogar mehrfach gewarnt.

Mick, Mitte 50, war in den Urlaub nach Bangkok gefahren. Nach zwei Wochen teilte er seiner überraschten Schwester mit, dass er sich verlobt habe. Seine Braut sei Ende 20 und verrückt nach ihm. Er werde nun in Thailand bleiben, seinen Job habe er bereits gekündigt, das Haus in Dublin werde verkauft. Mit dem Erlös wolle er sich und seiner Zukünftigen eine schöne, große Villa am Stadtrand von Bangkok kaufen. Mary warnte.

Zwei Monate später meldete Mick Vollzug. Das Geld für das Dubliner Haus sei eingetroffen, man habe das

Bangkoker Anwesen gekauft – der Einfachheit halber im Namen der Freundin, weil sonst eine Menge Papierkram notwendig gewesen wäre. Mary warnte dringlich.

Fortan meldete sie sich einmal in der Woche bei ihm. Mick hatte stets Neuigkeiten: Zuerst war der bisher unerwähnte achtjährige Sohn der Freundin zu ihnen ins neue Haus gezogen, eine Woche später kamen die Eltern und schließlich noch zwei Schwestern mit jeweils einem Kind. Das sei nun seine neue Familie, erklärte Mick. Mary gab es auf zu warnen.

Dann kam der nächtliche Anruf. Seine Verlobte habe ihm erklärt, dass ihr Ehemann, von dem sie zwar getrennt, aber noch nicht geschieden sei, Anspruch auf das Haus erhebe, wenn man ihn nicht mit 20.000 Euro abfinde. Mick holte das Geld von der Bank, doch als er es in ihren Schreibtisch legen wollte, entdeckte er eine Scheidungsurkunde: Seine Braut war frisch von einem Schotten geschieden. Nun wurde Mick doch misstrauisch.

Als er seine Freundin zur Rede stellte und sich weigerte, ihr die 20.000 Euro auszuhändigen, kramte sie eine Pistole aus dem Wäscheschrank und versicherte Mick, dass sie ihn erschießen werde, falls er das Geld nicht herausrückte. Mick gelang es, durch das Fenster zu springen, bevor sie ihre Drohung wahrmachen konnte.

Da es bereits dunkel war und er – außer den Leuten, die in seinem Haus wohnten – niemanden in Bangkok kannte, ging er zur thailändischen Version der

Anonymen Alkoholiker. Zehn Männer zwischen 50 und 60 begrüßten ihn, darunter Österreicher, Deutsche, Engländer und ein Ire. Mick erzählte seine Geschichte und fragte die anderen dann, ob sie so etwas Abenteuerliches schon mal gehört hätten. Die Männer nickten: Sie hatten auf dieselbe Art ihr Hab und Gut verloren, und weil sie in der Heimat alle Brücken abgebrochen hatten, verfielen sie schnurstracks dem Alkohol. Der Ire gestand kleinlaut, dass er gleich drei Mal hintereinander von Thailänderinnen hereingelegt worden sei.

»Irgendetwas passiert mit Männern, wenn sie 50 werden«, sinnierte Mary. »Sie verlieren jeglichen Bezug zur Realität. Es legt sich bei ihnen offenbar ein juveniler Filter über die senile Netzhaut, wenn sie in den Spiegel schauen.«

Neulich rief Mick erneut aus Thailand an. Inzwischen war er guter Dinge: Er sei wieder verlobt. Diesmal sei aber alles anders.

Das klingt wie eine Geschichte, die auf Craggy Island spielen könnte – einer merkwürdigen Insel mit drei Pfarrern, erstaunlich vielen chinesischen Einwanderern, und drum herum ein radioaktiv verseuchtes Meer. Das scheint nicht sonderlich attraktiv, und der Name verheißt auch nichts Gutes: Craggy Island bedeutet »felsige Insel«.

Die Pfaffen sind offenbar hierher strafversetzt worden: Father Ted, ein Unglücksrabe, dem alles schiefgeht; Father Dougal, ein Trottel, der an die Zahnfee glaubt; und Father Jack, ein Säufer, dessen Wortschatz aus drei Wörtern besteht: »Girls, Drink, Fuck.« Letzteres spricht er aus Rücksicht auf seinen Chef, den Allmächtigen, »feck« aus.

Will man hier leben? Eigentlich nicht, und das muss auch niemand. Craggy Island ist eine fiktive irische Insel, die für die saukomische Fernsehserie »Father Ted« erfunden wurde. Sie lief von 1995 bis 1998 auf dem englischen Sender Channel 4, weil das irische Fernsehen sich nicht traute, ulkige Pfarrer auf einer ulkigen Insel durch den Kakao zu ziehen. Nun streiten aber zwei echte irische Inseln darum, welche der beiden mehr Recht darauf hat, sich Craggy Island nennen zu dürfen.

Inis Mór ist die größte der drei Aran-Inseln. Dort findet am letzten Wochenende im Februar ein dreitägiges »Father-Ted-Festival« statt. Den Teilnehmern werden typische Craggy-Island-Attraktionen geboten: die Mensch-ärger-dich-nicht-Aerobics, das Spiel »Versteck eine Nonne«, den »Nettes-Mädchen-Wettbewerb« und das Kampfsingen »Ein Lied für Europa«. Zum Abschluss können sich alle auf der »Father Jack Cocktail Party« besaufen. Die Teilnehmerzahl ist auf hundert Leute begrenzt, die Tickets für 130 Euro sind stets ausverkauft. Inis Mór kann sich auf eine hübsche Einnahmequelle in der sonst so ruhigen Nebensaison freuen.

Das ist den Bewohnern von Inis Oírr angeblich ein Dorn im Auge. Die Betreiberin einer kleinen Pension monierte, dass die Nachbarinsel sich das Father-Ted-

Erbe unberechtigt unter den Nagel gerissen habe. Schließlich sei kein einziger Meter der Serie auf Inis Mór gedreht worden, während die Anfangsszene jeder Folge, eine Luftaufnahme mit dem verrosteten Schiffswrack der Plassey, die 1960 aufgelaufen ist, eindeutig Inis Oírr zeige. Der Rest der Serie wurde auf dem Festland gefilmt, die Innenaufnahmen drehte man im Studio in London. 1996 erhielt »Father Ted« den Preis der britischen Filmakademie als beste Komödie, Hauptdarsteller Dermot Morgan wurde als bester Schauspieler ausgezeichnet. Er starb im Februar 1998 im Alter von 45 Jahren bei einem Umtrunk, als das Fernsehteam den Abschluss der Dreharbeiten für die dritte Staffel feierte.

Peter Phillips, einer der Organisatoren des »Father-Ted-Festivals«, wollte ein Fußballspiel entscheiden lassen: Die beiden Inseln sollten gegeneinander spielen, die einen als Priester verkleidet, die anderen als Nonnen. Der Gewinner sollte sich ein Jahr lang Craggy Island nennen dürfen, der Verlierer Rugged Island heißen – wie die rivalisierende Insel in der Fernsehserie. Der einzige Haken: Auf Inis Oírr scherte sich niemand um das Festival. Der Inselstreit war eine Erfindung englischer Boulevardzeitungen, die von *Guardian* bis BBC begeistert aufgegriffen wurde, weil die schlichten britischen Medien von Klischees nun mal nicht loskommen und ihre bunten Seiten gerne mit Geschichten über närrische Iren füllen.

Dabei sind Engländer mitunter viel närrischer, was die Bewohner der Küstenregion, vor der die Aran-Inseln liegen, bezeugen können. Hobbyarchäologen benötigen Phantasie. David Jones aus England hat viel davon. Einmal berichtete er von einem Tier, das ihm an der irischen Westküste begegnet sei: Eine Mischung aus Schaf und Karnickel. Das Langohrschaf sei mühelos über eine Mauer gesprungen und dann im Zickzack davongelaufen, behauptete Jones. Um die Bewegungen des ungewöhnlichen Lebewesens zu demonstrieren, führte er einen Veitstanz auf, so dass man befürchten musste, dass er jeden Moment tot zu Boden fallen würde. Als er sich wieder beruhigt hatte, zog er ein Blatt Papier aus der Tasche, auf dem er eine Zeichnung des Tieres angefertigt hatte: eindeutig ein irischer Wolpertinger.

Aber Jones hatte noch mehr auf Lager. Er habe mal wieder im Burren in der Grafschaft Clare geforscht. Der Name stammt vom gälischen »boireann« ab. Das bedeutet »felsiger Ort«, was gut zu Craggy Island passt. Der Burren weist eine erstaunlich vielfältige Vegetation auf: Von arktischen Pflanzen über Alpenblumen bis zu mediterranen Gewächsen ist alles zu finden. Der englische Schriftsteller und Mythenforscher J.R.R. Tolkien soll von der wilden Szenerie zu seiner Trilogie »Herr der Ringe« inspiriert worden sein. Jones wurde zu Spekulationen über eine Mauer inspiriert.

Es handle sich um eine 30 Meter lange, schnurgerade Mauer, die 800 Jahre älter als Stonehenge sei, sagte er. Sie sei zur Wintersonnenwende am 21. Dezember genau zur aufgehenden Sonne ausgerichtet. »Die Bauherren müssen Sonnenanbeter gewesen sein«, vermutete er und bot an, meinem Freund Aribert und mir am betreffenden Tag frühmorgens das bemerkenswerte Bauwerk zu zeigen. Am besten sollten wir eine Filmkamera mitnehmen, damit wir gleich einen Dokumentarfilm drehen könnten. Er selbst würde uns obendrein ein Interview geben, um das Phänomen wissenschaftlich einzuordnen. Er war davon überzeugt, dass die ägyptischen Pyramiden getrost einpacken könnten.

Am Vorabend bekam er Gewissensbisse. Der Burren sei überaus gefährlich, warnte er. Was da alles passieren könnte! Zur Sicherheit nahmen wir deshalb Mac mit, der im Burren aufgewachsen ist und die Gegend wie seine Westentasche kennt. Er kennt auch Jones wie seine Westentasche und war entsprechend skeptisch.

Am Freitagmorgen war der Himmel bewölkt, von der Sonne keine Spur. Nachdem wir eine Weile an dem sensationellen Gemäuer herumgelungert hatten, wollten wir schon aufgeben, doch plötzlich brach die Sonne durch die Wolken – allerdings nicht an der Stelle, wo Jones sie vermutet hatte. »Ich glaube, mit bloßem Auge erkennen zu können«, meinte Mac höhnisch, »dass die Sonne in einem 30-Grad-Winkel zu deiner Mauer steht.« Jones versucht vergeblich, uns davon zu überzeugen, dass die Sonne früher möglicherweise einen anderen Himmelslauf genommen habe.

Schließlich machte er beleidigt kehrt, warnte uns abermals vor den Gefahren des Burren und fiel der

Länge nach in einen Bach. So hatte sich der frühmorgendliche Ausflug doch noch gelohnt, denn Aribert hatte die Kamera laufen lassen. Jetzt müssen wir Jones nur noch dazu bringen, den Wolpertinger-Veitstanz vor der Kamera aufzuführen. Das ergibt zwar keinen Dokumentarfilm, aber einen lupenreinen Slapstick.

Von Slapsticks hat Aribert jedoch die Nase voll. Die preußische Bürokratie ist nämlich wiederauferstanden und hat sich des irischen Bauamtes bemächtigt. Aribert wollte an seinem reetgedeckten Haus im Burren einen Anbau errichten. Die Genehmigung lag vor, und so begann er, mit einem Maurer die Steine hochzuziehen. Ein missgünstiger Nachbar zeigte Aribert jedoch anonym an, weil der Rohbau eine Tür, die im Plan ein Fenster war, sowie einen nicht eingezeichneten Kamin enthielt. Die Behörde stoppte den Bau: Aribert müsse neue Pläne einreichen. Das ist eine Weile her. Seitdem hat er viele Pläne eingereicht, die ihm alle wieder zurückgeschickt wurden. Einmal hatte er das bestehende Haus rot und den Anbau grün umrandet, statt umgekehrt. Ein anderes Mal hatte er den Bestimmungszweck der Zimmer im Anbau nicht eingezeichnet, als ob jemand später kontrollieren würde, ob im Kinderzimmer tatsächlich Kinder schlafen.

Wer bauen will, muss am Grundstück auf einem A4-Blatt in wasserdichter Folie seine Absicht kundtun, damit die Nachbarn die Gelegenheit haben, einem die Suppe zu versalzen. Das hatte Aribert jedes Mal gewissenhaft erledigt, beim neuen Anlauf fiel er dennoch durch: Bei einem Wiederholungsantrag muss die Notiz auf gelbem Papier geschrieben sein, belehrte ihn das Amt, wies ihn aber dankenswerterweise darauf hin, dass er die Notiz beim nächsten Mal auf weißes Papier zu schreiben habe, da die Vorschrift demnächst geändert werde.

Bei jedem Formfehler erhält man die Verwaltungsgebühr per Scheck zurück und muss dieselbe Summe erneut entrichten, wenn man den korrigierten Antrag einreicht. Aribert wollte das Verfahren abkürzen und legte dem Neuantrag den nicht eingelösten Behördenscheck bei. Das war schon wieder ein Fehler. Zwar handelte es sich um dieselbe Summe, aber das Bauamt lehnte den eigenen Scheck ab. Hatte man Angst, dass er platzen würde?

Schließlich ersann das Bauamt eine neue Variante im Katz-und-Maus-Spiel. Diesmal lehnte es den Antrag ab, weil Aribert das Dach des Anbaus mit Kupfer decken wollte. Es müsse wie das alte Haus mit Reet gedeckt werden, beschied die Behörde. Auf Ariberts Einwand, dass der Brandschutzbeauftragte ihm Reet verboten habe, weil der Anbau zu nah an der Grundstücksgrenze stehe, meinte der Bauamtschimmel, dass Brandschutzbeauftragte nichts zu sagen haben.

Dann dämmerte ihm offenbar, dass man ihn möglicherweise zur Verantwortung ziehen würde, falls das Dorf wegen des von ihm erzwungenen Reetdaches in Flammen aufginge, und er machte einen Vorschlag: Wenn schon Dachziegel, dann aus Schiefer, aber in dem Fall müsse das Reet auf dem alten Haus heruntergepuhlt und durch Dachziegel ersetzt werden. »Es handelt sich um eine verwundbare Landschaft«, fügte er mit erhobenem Zeigefinger hinzu. Er arbeitet für dieselbe Behörde, die im Nachbarort die wunderschöne Landschaft durch ein grauenhaftes Hotel im Stile eines Wildwestforts verschandeln ließ, während die irische Tourismusindustrie mit Fotos von reetgedeckten Häusern wirbt, vor denen ein paar Schafe herumlungern. Aribert überlegt nun, ob er den halbfertigen Anbau in die Luft sprengen soll. Oder doch lieber das Bauamt.

Mit der Polizei dagegen hat Aribert bisher keine schlechten Erfahrungen gemacht – im Gegensatz zu einigen anderen Dorfbewohnern. Es gibt wieder mehr Fußgänger im Ort. Das liegt an dem neuen Polizisten, der dorthin versetzt worden ist. Sein Vorgänger, der in den Ruhestand gegangen ist, hatte betrunkenen Autofahrern höchstens den Schlüssel weggenommen und ihnen ins Gewissen geredet. Doch der neue Beamte ist jung und ehrgeizig. Sein erstes Opfer war der alte Jim. Er hat in seinem Leben nie viel getrunken, doch an diesem Abend waren es zwei Pints – jenes Maß von 0,56 Litern, um das sich in irischen Pubs alles dreht. Das war zuviel, befand der Wachtmeister, nachdem Jim ins Röhrchen geblasen hatte. Bei Colin hingegen wäre das Röhrchen fast explodiert. Er ist Gewohnheitstrinker, und weil in der Gegend lediglich ein einziger Bus am Tag fährt, nimmt Colin stets das Auto. Seine Frau, die in ständiger Sorge um sein Wohl und um das Wohl anderer Verkehrsteilnehmer ist, hatte von dem eifrigen neuen Polizisten gehört. Sie rief ihn eines Abends an, verriet ihm die Stammkneipe ihres Mannes und bat ihn, Colin endlich den Führerschein wegzunehmen. Er erfüllte ihren Wunsch mit großem Vergnügen.

Besonders hart traf es David und Maggie. Das Ehepaar war auf dem Heimweg von einer Geburtstagsfeier, als sie schon von weitem die Straßensperre sahen. Da Maggie etwas getrunken hatte, meinte David, sie solle an den Straßenrand fahren, damit er das Steuer übernehmen könnte. Das war der erste Fehler, denn er fiel beim Alkoholtest durch. So erklärte er dem Polizisten, dass eigentlich nicht er gefahren sei, sondern seine Frau. Das war der zweite Fehler, denn nun musste auch Maggie pusten und wurde ihren Führerschein ebenfalls los. Zwei auf einen Streich, freute sich der Wachtmeister.

Ariberts Freund Wolfgang, der 78-jährige Deutsche, der seit Jahrzehnten an der Westküste lebt, hatte mehr Glück. Er war auf einem Seniorenabend, und weil es dort Freigetränke gab, hatte er kräftig zugelangt. Er war so betrunken, dass er nur mit Müh und Not die Autotür aufbekam. Leider schlug er sie zu, bevor er sein Bein ins Auto gezogen hatte. So brach er sich den Unterschenkel und fiel auf die Straße, wo er vier Stunden später von dem Polizisten gefunden wurde. Da er nicht gefahren war, durfte er seinen Führerschein behalten, kann aber mit dem Gipsbein sechs Wochen lang nicht fahren.

Ich hatte ebenfalls Glück. Nachdem ich ins Röhrchen gepustet hatte, fragte mich der Schrecken aller

Autofahrer, wie viel ich getrunken hatte. Ich sei auf einer Vernissage gewesen, antwortete ich, und dort wurde nur Mineralwasser serviert. Wo ich danach gewesen sei, wollte der Polizist wissen. Im Wirtshaus, gab ich zu, weil ich annahm, dass er die Pubs im Ort beobachtete. Und dort hätte ich sicher auch nur Mineralwasser getrunken, höhnte er. »Nein«, entgegnete ich, »dort habe ich ein Bier getrunken.« Bei dem einen sei es doch sicher nicht geblieben, vermutete der Beamte. Aber ja, schwor ich und verabschiedete mich innerlich von meinem Führerschein. Doch er betrachtete nachdenklich das Röhrchen und sagte enttäuscht: »Ist ja auch egal. Es reicht ohnehin nicht, um dich zur Blutprobe mit aufs Revier zu nehmen.«

Andernfalls hätte ich nach Inis Oírr ziehen müssen. Dort kann man alles zu Fuß erledigen. Ein paar Autos gibt es allerdings auch. Als die ersten beiden Blechkisten in den 60er Jahren auf die Insel geschafft wurden, fühlten sich die beiden Besitzer zu sicher: In Anbetracht des geringen Verkehrsaufkommens bollerten sie unachtsam über die Straßen und stießen zusammen.

Obstman
und die Schnäppchenjäger

Der Ire und seine Provinz im Norden

Seit in Nordirland die ehemaligen Erzfeinde gemeinsam regieren und es mehr oder weniger friedlich ist, trauen sich viele Iren aus dem Süden des Landes wieder in die ehemalige Krisenprovinz – vor allem, um einzukaufen. Wegen der Rezession achten die Iren nämlich inzwischen auf die Preise, und die sind sehr unterschiedlich auf der Insel, zumal das Pfund kaum mehr wert ist als der Euro. Wer nach Nordirland fährt, spart zum Beispiel bei Flachbildfernsehern mittlerer Größe 300 Euro, bei irischem Whiskey ein Drittel. Selbst das Jersey der südirischen Fußballnationalmannschaft, das trotz der Misserfolge des Teams bei Kindern beliebt ist, ist in Nordirland zehn Euro billiger.

Und es gibt in Belfast inzwischen eine Ikea-Filiale, die erste in Irland. Sie umfasst die Grundfläche von fünfeinhalb Fußballfeldern und liegt am Rand des nach dem besten nordirischen Fußballer aller Zeiten benannten George-Best-Flughafens. Außerdem enthält der Möbelladen das größte Restaurant Nordirlands, wo die berüchtigten elastischen Fleischbällchen serviert werden.

Der Medienrummel um den McDonalds der Möbelwelt im Vorfeld der Eröffnung war beachtlich. IKEA hatte 645.000 Kataloge an nordirische Haushalte verteilt, die Presse berichtete von Menschen, die ihre Möbel verbrannten, um Platz für die schwedische Billigware zu schaffen, das nordirische Fernsehen kündigte Live-Übertragungen von der Eröffnung an, und der damalige nordirische Premierminister, der Protestantenpfarrer Ian Paisley von der Democratic Unionist Party (DUP), rhabarberte von »bestmöglicher Ware zum niedrigstmöglichen Preis«.

Die Namen der Möbel sind genauso dämlich wie anderswo: Die Betten heißen Tromsö, Mörrum oder Leksvik, und eine Zeitung meldete, dass in ihnen zehn Prozent aller europäischen Kinder gezeugt werden. Sie kommen neun Monate später mit Imbusschlüssel im Hintern auf die Welt.

Es wäre nicht Nordirland, wenn die Eröffnung einer Holzmöbelbude nicht auch eine politische Komponente hätte. Gary McKeown von den katholischen Sozialdemokraten hatte auf der IKEA-Modellzeichnung neben der schwedischen auch den Union Jack und die Nordirland-Fahne mit der roten Hand der Unionisten, die für die Union Nordirlands mit Großbritannien eintreten, entdeckt. Ikea sei nichts weiter als eine »vornehme Oranierhalle«, wetterte er, denn vor den Gebäuden des anti-katholischen Oranier-Ordens wehen diese Fahnen – außer der schwedischen – auch.

Die Südiren kamen trotzdem in Scharen, und nicht nur zu Ikea. Manche mieteten sich sogar Lieferwagen für ihren shopping trip. In der nordirischen Grenzstadt Newry herrschte täglich das Chaos, auf den riesigen Parkplätzen an den Einkaufszentren standen die Autos Schlange. Soviel Annäherung an die Brüder und Schwestern im besetzten Teil Irlands war dem Dubliner Finanzminister Brian Lenihan ein Dorn im Auge. »Wenn du in Nordirland einkaufst, zahlst du die Steuern Ihrer Majestät«, sagte er. »Du zahlst nicht die Steuern in dem Staat, in dem du lebst.«

Der Mann hat Nerven. Seine Regierung hat während der vergangenen 20 Boomjahre Milliarden Steuergelder verschwendet, die Politiker haben sich die Taschen gefüllt und tun es weiterhin. Damit ihnen das Geld nicht ausgeht, haben sie die Mehrwertsteuer auf 21,5 Prozent erhöht, während Ihre Majestät sie gleichzeitig auf 15 Prozent senkte. Eine Dubliner Zeitung stimmte Lenihan dennoch zu und führte den Pranger wieder ein: Das Blatt veröffentlichte die Kennzeichen der Autos, die die Grenze überquert hatten.

Auch die irischen Geschäftsinhaber betteln um patriotisches Kaufverhalten, damit keine Jobs verloren gehen – dieselben Leute, die ihre Kundschaft seit Jahren schröpften und ihre maßlos überteuerte Ware mit den langen Transportwegen erklärten, als ob Nordirland im Gegensatz zur Republik im Herzen Europas liege. Und diese Geschäftsleute, die nun auf Patriotismus pochen, haben sich längst um billigere Lieferanten bemüht, die sie mit dem schwachen Pfund bezahlen können. Umweltminister John Gormley von den peinlichen Grünen sagte, die Regierung müsse Wege finden, um den stetigen Fluss der Shopper nach Norden zu stoppen. Hätte man damals, als im Zuge des Friedensprozesses die innerirische Grenze abgeschafft wurde, den Engländern bloß die Grenzanlagen abgekauft.

In einem sind sich die Politiker in Nord und Süd freilich einig: Sie tun alles, um ihre Schäfchen ins Trockene zu bringen. In Nordirland gibt es den Giant's Causeway, den »Damm des Riesen«, die einzige Stätte des UNESCO-Weltkulturerbes in der Region. Sie besteht aus Tausenden von Basaltsäulen, die angeblich durch vulkanische Eruptionen entstanden sind. In Wirklichkeit sind sie beim Kampf zweier Riesen geschaffen worden. Als einer der beiden Angst bekam und nach Schottland floh, brachte er die Küstenregion durcheinander.

Das erfuhr man bisher in einem Interpretationszentrum, wie es sie im ganzen Land an besonders eindrucksvollen Landschaftsstrichen gibt. Dort wird einem erklärt, warum die Landschaft eindrucksvoll ist. Das ist natürlich mit Gebühren verbunden, aber dafür bieten sie Gipsmodelle der Landschaft, so dass man sie nicht mühsam zu Fuß erkunden muss. Das Interpretationszentrum am Giant's Causeway ist jedoch vor einigen Jahren abgebrannt.

Nun soll ein neues her. Aber wer darf es bauen? Die Basaltsäulen gehören der britischen Organisation für Denkmalpflege, der Parkplatz hingegen der Kommunalverwaltung. Und dann gibt es noch einen Seymour Sweeney, der das meiste Land in der Umgebung und das Wirtshaus neben dem Parkplatz besitzt. Er möchte das neue Interpretationszentrum auf seinem Land bauen. Und wenn er schon mal beim Bauen ist, sollen auch ein Hotel und ein Restaurant her. Die Denkmalpfleger und die Kommunalverwaltung haben sich dagegen für einen öffentlich finanzierten Bau entschieden. Nicht aber die nordirische Umweltministerin. Arlene Foster deutete an, dass sie Sweeney den Auftrag erteilen werde. Foster gehört der DUP an – wie auch Sweeney. Das habe sie ja gar nicht gewusst, beteuerte Foster vollkommen glaubwürdig. Ihr Parteigründer Ian Paisley ist ebenfalls für Sweeneys Plan, was Foster freilich auch unbekannt war.

Dann kam heraus, dass Pfarrer Paisley bereits im Januar 2003 in einem erbosten Brief auf offiziellem Unterhauspapier die Lottogesellschaft der Schwachköpfigkeit verdächtigt hatte, weil sie Sweeney Lottogelder für sein schönes Projekt verweigert hatte. Schließlich stehe die UNESCO voll hinter Sweeney, versicherte er. Eine Sprecherin der UNESCO hingegen versicherte, dass Paisley lüge.

Sein Brief ist nur deshalb bekannt geworden, weil der *Belfast Telegraph* ihn sich unter Berufung auf das Gesetz für Informationsfreiheit beschafft hatte. Paisley, der das Gesetz eben noch als Beweis für die Offenheit der Regierung gelobt hatte, will es nun wieder abschaffen, damit »faule Journalisten« es nicht ausnutzen können.

Paisleys Sohn, der ebenfalls Ian heißt, ist genauso verlogen wie der Alte, aber deutlich weniger intelligent. Er habe irgendwann schon mal von Sweeney gehört, sinnierte er. Das sollte er auch: Sweeney hat für ihn ein Ferienhaus in Bushmills, bekannt für die älteste Whiskeybrennerei der Welt, gebaut. Im Gegenzug setzt sich Klein-Ian seit Jahren für Sweeneys umstrittene Bauprojekte ein.

Irgendwo müsste es doch noch Riesen geben, die Ian Senior und Ian Junior über den Giant's Causeway nach Schottland jagen können. Oder wenigstens ins Meer. Und ihren Oranier-Orden gleich dazu.

Der ist 1795 als protestantischer Geheimbund mit streng antikatholischer Ausrichtung gegründet worden. Wer eine katholische Kirche besucht oder gar eine Katholikin heiratet, wird ausgeschlossen. Benannt ist der Orden nach Wilhelm von Oranien, auf englisch William of Orange, und deshalb ist die Ordensfarbe orange.

King Billy, wie er von den Ordensbrüdern liebevoll genannt wird, hat am 12. Juli 1690 in die Schlacht am irischen Fluss Boyne seinen katholischen Widersacher und Schwiegervater Jakob II. besiegt und dadurch die protestantische Thronfolge in Großbritannien gesichert. In Nordirland ist der Jahrestag der Schlacht der Höhepunkt der protestantischen Marschsaison. Für die Parade machen sich die greisen Männer mit Bowlerhüten, schwarzen Anzügen, weißen Handschuhen und orangenen Schärpen fein.

Die Ordens-Großmeister haben nun festgestellt, dass ihr buntes Treiben beim Nachwuchs nicht ankommt. Um das zu ändern, verfielen sie auf eine Idee, die nur orangenen Hirnen entspringen kann: Ein Superheld muss her. Er hat ein eckiges Kinn und trägt einen hautengen orangenen Jumpsuit – aber keinen

Bowlerhut. Der Super-Oranier ziert die offiziellen Weihnachtskarten des Ordens.

Sein Erfinder David Hume, der Direktor der nordirischen Loge, sagte: »Bisher haben wir humorvolle Weihnachtskarten verschickt, aber diesmal wollten wir etwas Neues. Es gibt 100.000 Mitglieder in der ganzen Welt, und King Billy war immer der Held der Loge. Doch die Zeiten ändern sich.« Einen Namen hat der Held noch nicht. Deshalb haben sich die Nordiren an ihre schottische Bruderorganisation gewandt. Deren Mitglieder sollen sich einen passenden Namen einfallen lassen. Obstman vielleicht?

Man hat Großes mit ihm vor. Er taucht in Stehaufbüchern auf, um den Kleinen die Geschichte der Oranier nahezubringen. Zudem gibt es Kugelschreiber, Radiergummi und Federtaschen mit dem Bild der Apfelsinenknalltüte. Aber welche Superkräfte hat er eigentlich? Das haben die Ordensbrüder bisher verschwiegen. Vermutlich kann er Katholiken zu Asche verwandeln.

Der schottische Großmeister Ian Wilson ist von dem Superhelden jedenfalls begeistert. »Ich weiß, dass wir mit der Zeit gehen müssen, um unsere jungen Mitglieder bei der Stange zu halten«, sagte er. »Wir haben dieselben Probleme wie andere Jugendorganisationen, zum Beispiel die Pfadfinder. Wenn die Pubertät anfängt, kommen wir nicht mehr bei ihnen an. Dabei organisieren wir Zeltlager für sie und haben eine Jugendseite mit dem Namen ›Orangenkerne‹ in unserem Magazin ›Orangenfackel‹ eingerichtet. Möglicherweise müssen wir sogar Computerspiele mit unserem Superhelden entwickeln.« Die Kids könnten dann am Bildschirm auf Katholiken ballern.

Peter Kearney, Sprecher der katholischen Kirche in Schottland, sagte: »Es ist einzig und allein Sache des Oranier-Ordens, wie er seine Interessen vertritt, selbst wenn es mit einem Superhelden ist.« Obstman, so nimmt Kearney an, sei genauso verletzbar wie Superman. Statt Krypton muss man ihn nur mit einer katholischen Bibel bewerfen oder ihm »Derry« zurufen. Das ist die zweitgrößte nordirische Stadt: »Derry« heißt sie bei den Katholiken, »Londonderry« bei den Protestanten.

Sprache ist ohnehin verräterisch in Nordirland. Protestanten bezeichnen die Provinz als »Ulster«, Katholiken sprechen von den »sechs Grafschaften«, weil bei der Teilung der Insel 1922 drei der neun Grafschaften Ulsters dem irischen Freistaat zugeschlagen wurden.

Offenbar wird einem der semantische Wahn in Nordirland in die Wiege gelegt. Conor Murphy von Sinn Féin (»Wir selbst«), dem politischen Flügel der Irisch-Republikanischen Armee (IRA), ist Minister für Regionalentwicklung. Als erste Amtshandlung hat er seinen Mitarbeitern ein Memorandum mit Sprachregelungen vorgelegt, damit sie ihm gegenüber die richtigen Worte finden. Die Republik Irland soll man als »ganz Irland« bezeichnen, wenn man mit ihm spricht. Das ist zwar geografischer Humbug, aber es ist Murphys Gesetz. Nordirland heißt bei ihm »Hier«, was ebenso töricht ist. Er hält das möglicherweise für neutral, und man hält ihn bei guter Laune, wenn man seine Wünsche berücksichtigt.

Natürlich ist das Memorandum von seinen Mitarbeitern schnurstracks den anderen Parteien zugespielt worden. Besondere Freude ausgelöst hat es bei Paisleys DUP. Deren Abgeordneter Gregory Campbell, dem noch nie im Leben »Derry« über die Lippen gekommen ist, höhnte: »Was ist, wenn wir gegen England im Fußball gewinnen? Hier schlägt England eins zu null?«

Sein Parteifreund Sammy Wilson ließ sich die Gelegenheit zum Spott ebenfalls nicht entgehen. Bei der Debatte über Wohnungsbau im Belfaster Regionalparlament fragte er scheinheilig: »Wir reden über Wohnungen hier?« Murphy ahnte, was kommen würde. »Wenn Nordirland hier ist, dann folgt daraus, dass die Republik Irland da ist«, fuhr Wilson fort.

Was aber, wenn jemand beim Minister anruft und dessen Mitarbeiterin fragt, ob Murphy da sei? »Nein, er ist hier«, antwortet sie dann womöglich. Ob man ihn mal sprechen könne? »Nein, er ist nicht hier.« Aber sagte sie nicht gerade, er sei hier? »Nein, ich sagte, er sei hier, aber er ist nicht hier.« Murphy, dem die Sache inzwischen peinlich ist, rechtfertigte sich: Er habe ja kein Sprachdiktat verhängt, sondern lediglich Richtlinien herausgegeben, damit seine Mitarbeiter wissen, welche Begriffe er bevorzuge. »Sie dürfen aber jede Terminologie benutzen, die ihnen passt«, fügte er hinzu.

Murphy ist ein Kind des Hier-Konflikts. Ein vereinigtes Da, wie Sinn Féin es seit Ausbruch dieses Konflikts angestrebt hat, wird es aber vorerst nicht geben. Die Partei hat anerkannt, dass Hier solange im Vereinigten Königreich von Großbritannien und Hier bleibt, wie das eine Mehrheit wünscht. In der Zwischenzeit sollte er sich mal im Internet umschauen: Wer »hier.de« anklickt, wird auf »Shopping in Hannover« umgeleitet, was die südirischen Schnäppchenjäger verwirren könnte. Dabei ist Hannover ja nun wirklich nicht hier. Andererseits ist Murphy auch nicht ganz da.

208 Seitem 14.- Euro

»Es scheint mir wohl kaum übertrieben, Droste als den
›Tucholsky unserer Tage‹ zu bezeichnen – ich wüsste jedenfalls
kaum einen anderen Autor, der sowohl in der satirischen
Schärfe wie auch in der melancholischen Nachdenklichkeit dem
›Heinrich Heine des 20. Jahrhunderts‹ so nahe kommt wie er.
Und das alles mit wissendem Charme und in
wunderbarer sprachlicher Leichtigkeit.«
(Dr. Peter Böthig, Tucholsky-Museum Rheinsberg)

www.edition-tiamat.de

Die ganze Welt des Taschenbuchs unter
www.goldmann-verlag.de

Literatur deutschsprachiger und internationaler Autoren, Unterhaltung, Kriminalromane, Thriller, Historische Romane und Fantasy-Literatur

Aktuelle **Sachbücher** und **Ratgeber**

Bücher zu **Politik**, **Gesellschaft**, **Naturwissenschaft** und **Umwelt**

Alles aus den Bereichen **Body, Mind + Spirit** und **Psychologie**

Überall, wo es Bücher gibt und unter www.goldmann-verlag.de

Goldmann Verlag • Neumarkter Straße 28 • 81673 München